Sekundarstufe

Petra Pichlhöfer

Rätsel Musik

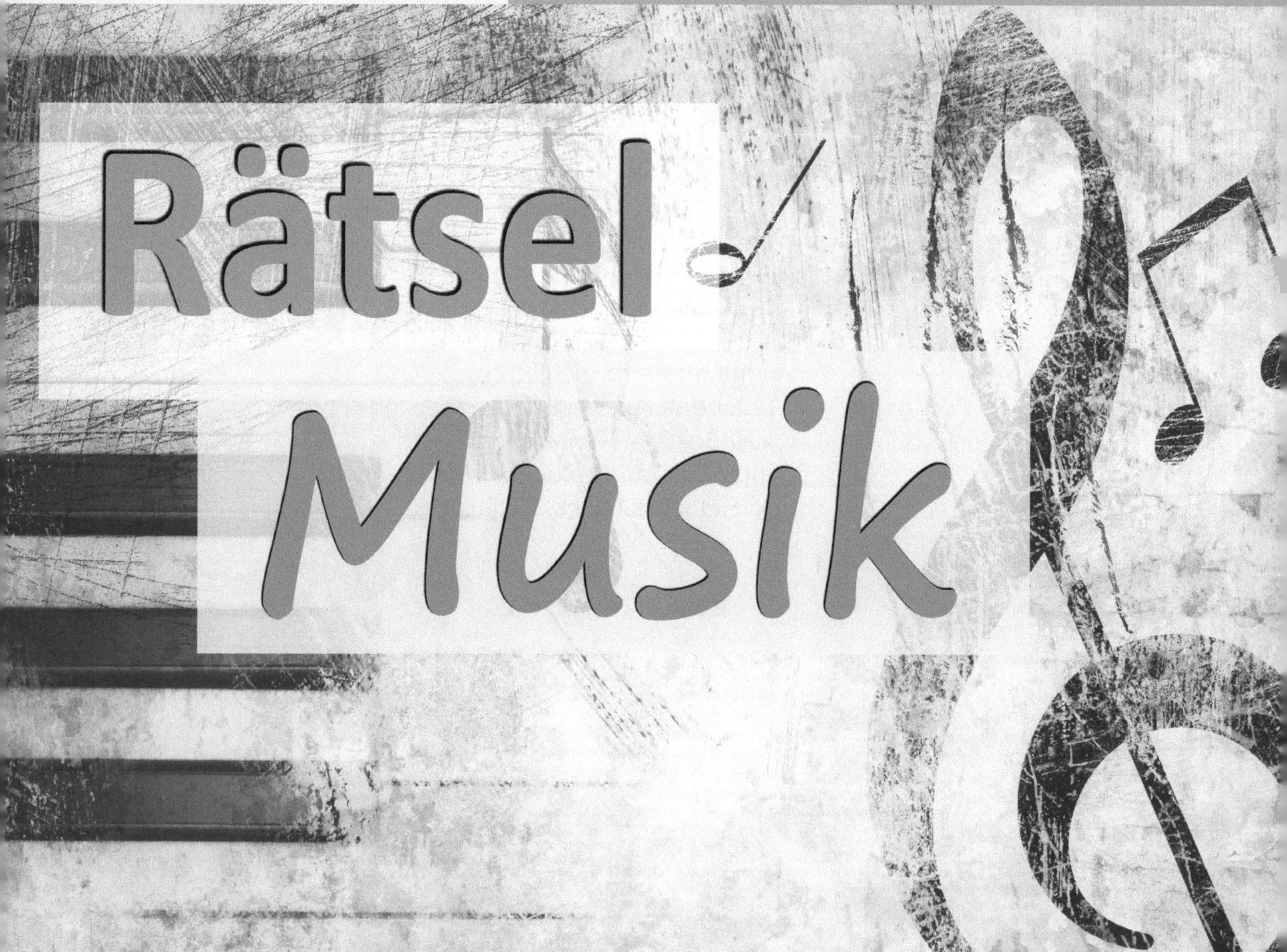

G M 3 E

40 Rätsel zu Instrumenten, Komponisten, Notenlehre und weiteren Themen

Rätsel Musik

40 Rätsel zu Instrumenten, Komponisten, Notenlehre und Themen der Musik

7. Auflage 2025

Inhalt: Petra Pichlhöfer
Coverbild: © Volondoff & Freesurf - AdobeStock.com
Redaktion: Kohl-Verlag
Grafik & Satz: Eva-Maria Noack / Kohl-Verlag
Druck: Elanders Druck, Waiblingen

Bestell-Nr. 12 352

ISBN: 978-3-96624-025-3

Bildquellen:

Seite 7/8: © clipart.com; **Seite 09/10**: © Mario - AdobeStock.com; **Seite 11/12**: © clipart.com; **Seite 15/16**: © highwaystarz - AdobeStock.com; **Seite 17/18**: © HaveZein - AdobeStock.com; **Seite 19/20**: © psdesign1 - AdobeStock.com; **Seite 23/24**: © clipart.com; **Seite 25/26**: © laperladilabuan - AdobeStock.com; **Seite 29/30**: © Andrey Burmakin - AdobeStock.com; **Seite 31/32**: © luismolinero - AdobeStock.com; **Seite 33/34**: © Irina Sokolovskaya - AdobeStock.com; **Seite 35/36**: © Paul Mignard - wikimedia.org; **Seite 37/38**: © tänzer - AdobeStock.com; **Seite 39/40**: © Ignaz Alberti - wikimedia.org; **Seite 43/44**: © Parlophone Music Sweden - wikimedia.org, © clipart.com; **Seite 45**: © Dmitry Vereshchagin - AdobeStock.com; **Seite 46**: © pd4u - wikimedia.org, © World-Telegram staff photographer - wikimedia.org; **Seite 47/48**: © itsML - AdobeStock.com; **Seite 49/50**: © clipart.com; **Seite 51/52**: © Maria - AdobeStock.com, © abstract - AdobeStock.com, © kharlamova_lv- AdobeStock.com; **Seite 53/54**: © wikimedia.org; **Seite 57/58**: © Barbara Krafft - wikimedia.org; **Seite 59/60**: © symphony - AdobeStock.com, © Stockerteam - AdobeStock.com, © pking4th - AdobeStock.com, **Seite 61/62**: © Udo lindenberg Pressekonferenz Aktion Birlikte - Zusammenstehen; **Seite 67/68**: © yurakp - AdobeStock.com, © montego6 - AdobeStock.com, © vvoe - AdobeStock.com, © Richard Cote - AdobeStock.com, © yurakp - AdobeStock.com, © Dmitry Vereshchagin - AdobeStock.com (5x), © Klaus Eppele - AdobeStock.com, © Kletr - AdobeStock.com, © BenP. - wikimedia.org, © Scanrail - AdobeStock.com, © dd bearbeitet - AdobeStock.com, © Comugnero Silvana - AdobeStock.com, © molotok - AdobeStock.com, © igeltier - AdobeStock.com, © Ahrtaler2. - wikimedia.org, © Photlook - AdobeStock.com, ©Ilya Akinshin - AdobeStock.com, © Alexander Morozov - AdobeStock.com; **Seite 69/70**: © Kletr - AdobeStock.com, © Dmitry Vereshchagin - AdobeStock.com, © 3dmavr - AdobeStock.com, © PBaishev - AdobeStock.com, © Hnidopichwiki - wikimedia.org, © Patricia - AdobeStock.com, © molotok289 - AdobeStock.com, © yuarakp - AdobeStock.com, © Scanrail - AdobeStock.com, © montego6 - AdobeStock.com; **Seite 71/72**: © Von miir - AdobeStock.com, © Africa Studio - AdobeStock.com; **Seite 73/74**: © blacklionder - AdobeStock.com, © Dmitry Vereshchagin - AdobeStock.com (2x); **Seite 75/76**: © vvoe - AdobeStock.com; **Seite 77/78**: © Dmitry Vereshchagin - AdobeStock.com; **Seite 79/80**: © Dmitry Vereshchagin - AdobeStock.com (3x); **Seite 81/82**: © Dmitry Vereshchagin - AdobeStock.com, © Kenishirotie - AdobeStock.com; **Seite 83/84**: © rare - AdobeStock.com

Kontakt: Kohl-Verlag, An der Brennerei 37-45, 50170 Kerpen
Tel: +49 2275 331610, Mail: info@kohlverlag.de

Der vorliegende Band ist eine Print-Einzellizenz

Sie wollen unsere Kopiervorlagen auch digital nutzen? Kein Problem – fast das gesamte KOHL-Sortiment ist auch sofort als PDF-Download erhältlich! Wir haben verschiedene Lizenzmodelle zur Auswahl:

	Print-Version	PDF-Einzellizenz	PDF-Schullizenz	Kombipaket Print & PDF-Einzellizenz	Kombipaket Print & PDF-Schullizenz
Unbefristete Nutzung der Materialien	x	x	x	x	x
Vervielfältigung, Weitergabe und Einsatz der Materialien im eigenen Unterricht	x	x	x	x	x
Nutzung der Materialien durch alle Lehrkräfte des Kollegiums an der lizensierten Schule			x		x
Einstellen des Materials im Intranet oder Schulserver der Institution			x		x

Die erweiterten Lizenzmodelle zu diesem Titel sind jederzeit im Online-Shop unter www.kohlverlag.de erhältlich.

Inhalt

KOHL VERLAG
RÄTSEL MUSIK
40 Rätsel SEKUNDARSTUFE – Bestell-Nr. 12 352

Vorwort

Liebe Kolleginnen und Kollegen,

anhand unterschiedlicher Rätselformen wird wichtiges Grundwissen aus den Bereichen Instrumentenkunde, Komponisten, Notenlehre, Orchester, Gesang, Tanz und zu vielen weiteren Musikthemen abgefragt. Die Schüler* müssen Kreuzworträtsel lösen, Felder verbinden, Geheimschriften entziffern, Puzzles zusammenbauen, Wörter in Suchgittern finden u.v.m. Dabei lernen sie u.a. nicht nur Beethoven, Mozart und die Oper kennen, sondern auch Musicals, Liedermacher, Jazz, Rap und Hip-Hop.

Die Lösungen zu allen Rätseln werden mitgeliefert, sodass eine Selbstkontrolle ermöglicht wird. Dadurch, dass der Band Aufgabenblätter in drei Niveaustufen bereithält, ist für alle Schüler und jeden Leistungsstand das passende Material dabei.

Diese abwechslungsreichen Rätselblätter eignen sich bestens zur Sicherung des erworbenen Wissens, zur Wiederholung, als Hausaufgabe oder als sinnvolle Lückenfüller in Vertretungsstunden.

Und nun wünsche ich Ihnen und Ihren Schülern viel Freude mit dem vorliegenden Material! Über Anregungen oder weitere Themenwünsche freue ich mich immer!

Ihre

Petra Pichlhöfer

Mit den Lehrern bzw. Schülern sind im ganzen Heft selbstverständlich auch die Lehrerinnen und Schülerinnen gemeint!

1

Name: | Datum:

Musik-ABC

Zu jedem Buchstaben des Alphabets findest du einen musikalischen Begriff (außer Y).
Schaffst du dieses schwere Rätsel?

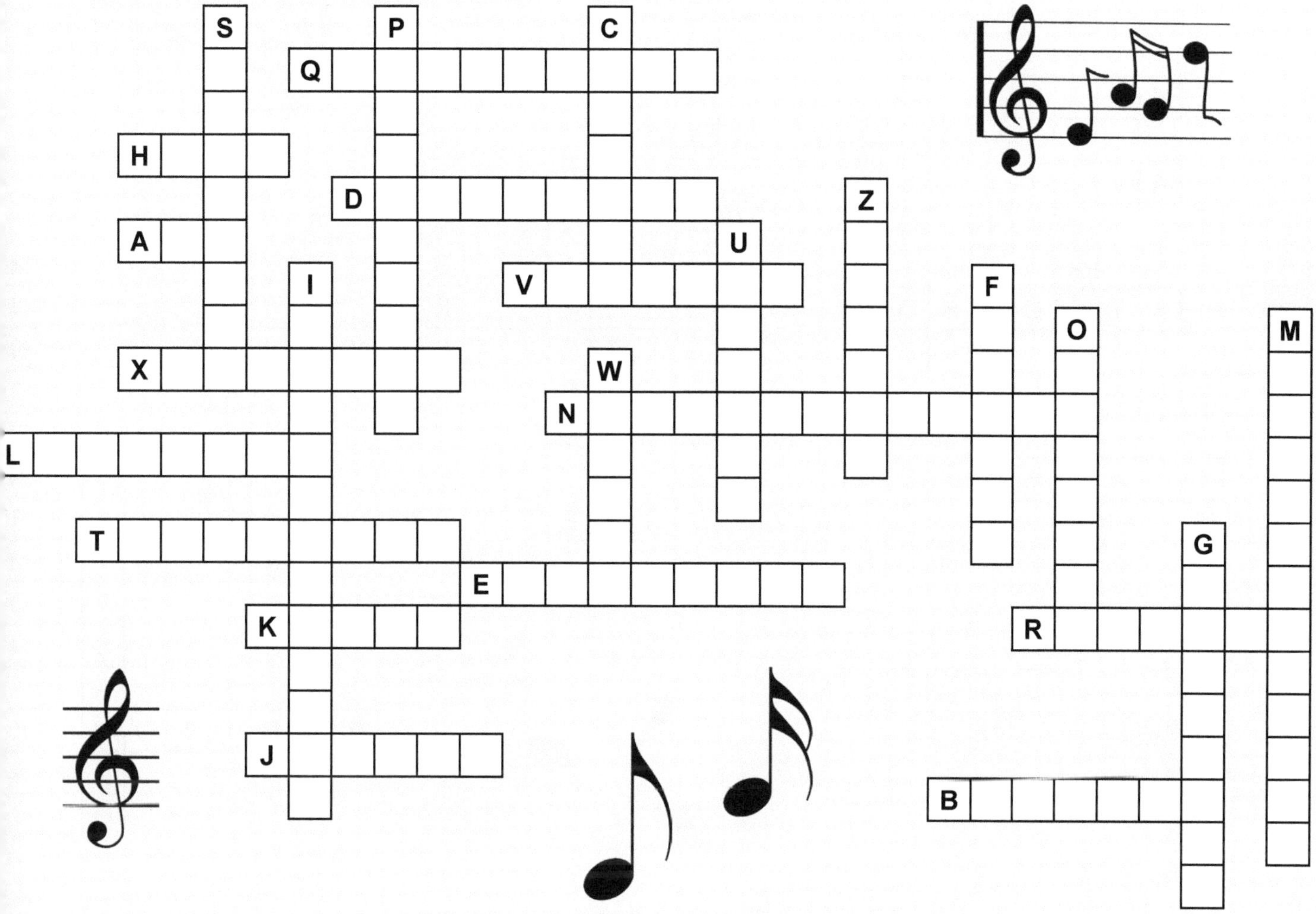

A tiefe Frauenstimme
B mittlere männliche Stimmlage
C Tasteninstrument – auch Kielflügel genannt
D Blasinstrument mit einem Windsack
E Schlager, der über Jahre hinweg beliebt bleibt
F Haltezeichen über Note
G gleitendes Spiel über Tasten
H Blechblasinstrument, das zur Jagd ruft
I freie und spontane Aufführung von Musik
J volkstümliche Singpraxis in Alpenländern
K mehrstimmiges Lied, bei dem die Stimmen hintereinander einsetzen
L Textbuch einer Oper
M kleines Musikinstrument aus Metall, das durch Blasen und Ziehen von Luft erklingt
N feierliches Lied, das einen Staat repräsentiert
O „kleine Oper“
P Ensemble aus Schlaginstrumenten
Q größte Flöte im Orchester mit Klappen
R Totenmesse
S religiöses Lied der nordamerikanischen Schwarzen
T Anordnung von aufeinanderfolgenden Tonschritten
U gleich klingend
V anderes Wort für Geige
W Tanz im ¾ -Takt
X Stabspiel mit Platten aus Holz zum Anschlagen
Z Musikinstrument aus kleinen runden Metallscheiben

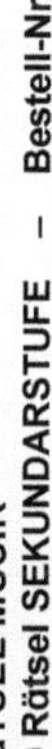

1 Lösung

Musik-ABC

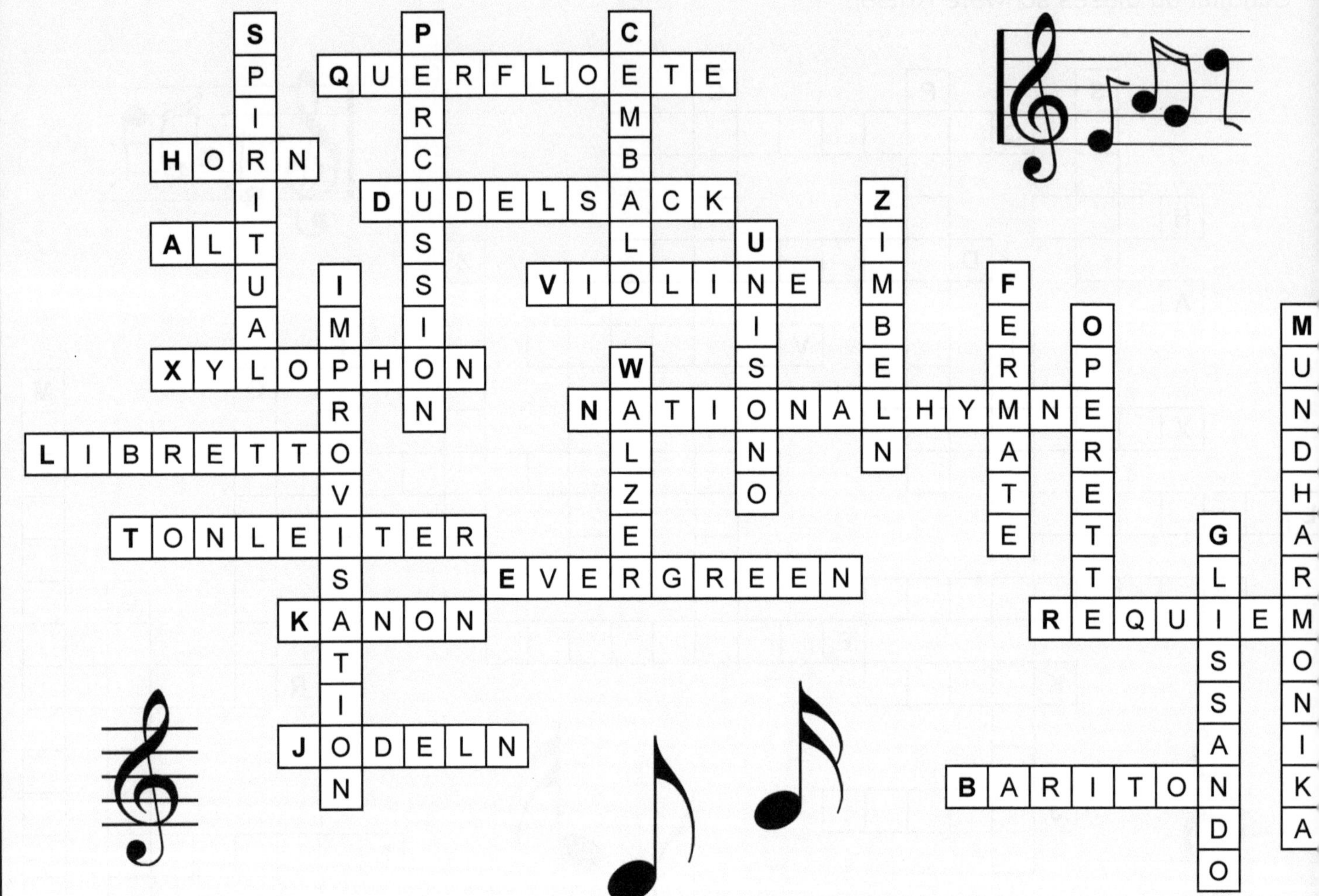

A tiefe Frauenstimme
B mittlere männliche Stimmlage
C Tasteninstrument – auch Kielflügel genannt
D Blasinstrument mit einem Windsack
E Schlager, der über Jahre hinweg beliebt bleibt
F Haltezeichen über Note
G gleitendes Spiel über Tasten
H Blechblasinstrument, das zur Jagd ruft
I freie und spontane Aufführung von Musik
J volkstümliche Singpraxis in Alpenländern
K mehrstimmiges Lied, bei dem die Stimmen hintereinander einsetzen
L Textbuch einer Oper
M kleines Musikinstrument aus Metall, das durch Blasen und Ziehen von Luft erklingt
N feierliches Lied, das einen Staat repräsentiert
O „kleine Oper"
P Ensemble aus Schlaginstrumenten
Q größte Flöte im Orchester mit Klappen
R Totenmesse
S religiöses Lied der nordamerikanischen Schwarzen
T Anordnung von aufeinanderfolgenden Tonschritten
U gleich klingend
V anderes Wort für Geige
W Tanz im ¾ -Takt
X Stabspiel mit Platten aus Holz zum Anschlagen
Z Musikinstrument aus kleinen runden Metallscheiben

RÄTSEL MUSIK

2

Name:	Datum:

Unordnung im CD-Regal

Ordne folgende Interpreten oder Komponisten der richtigen Rubrik zu:

Louis Armstrong, Michael Jackson, Richard Strauss, Johnny Cash, Wildecker Herzbuben, Bob Marley, Nirvana, Iron Maiden, Reinhard Mey

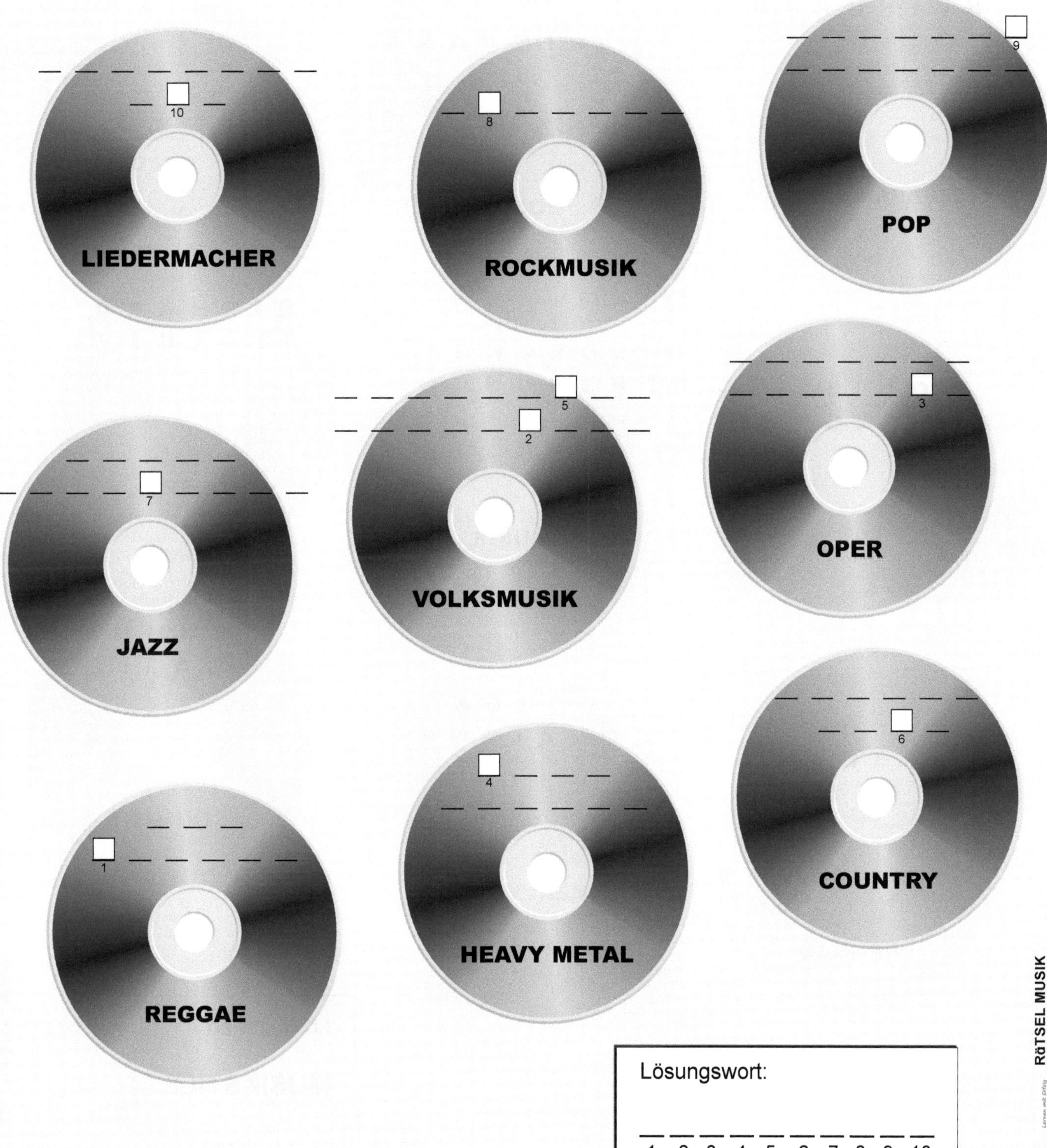

Lösungswort:

_ _ _ _ _ _ _ _ _ _
1 2 3 4 5 6 7 8 9 10

RÄTSEL MUSIK
40 Rätsel SEKUNDARSTUFE – Bestell-Nr. 12 352
KOHL VERLAG

2 Lösung

Unordnung im CD-Regal

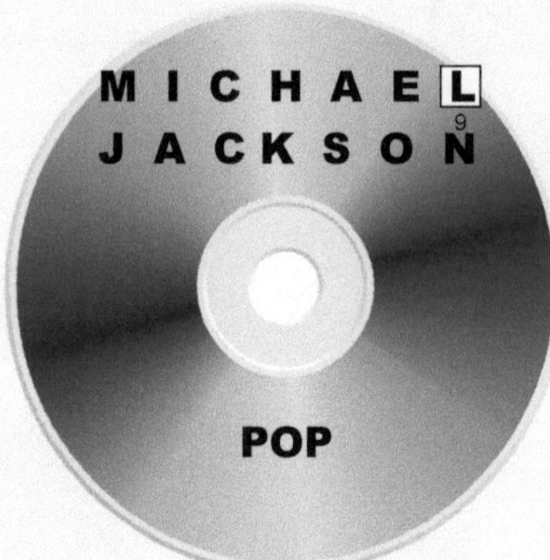

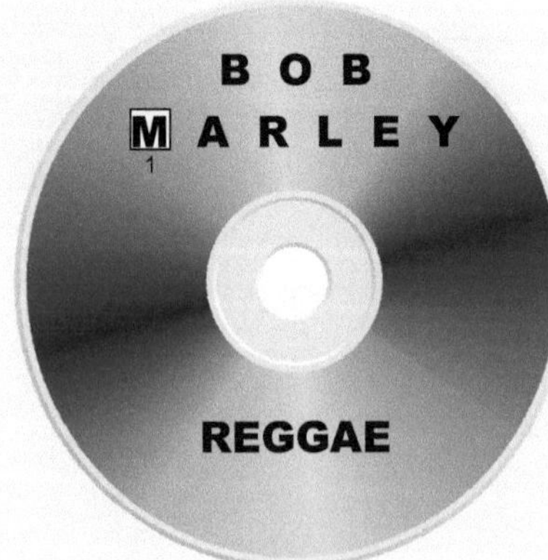

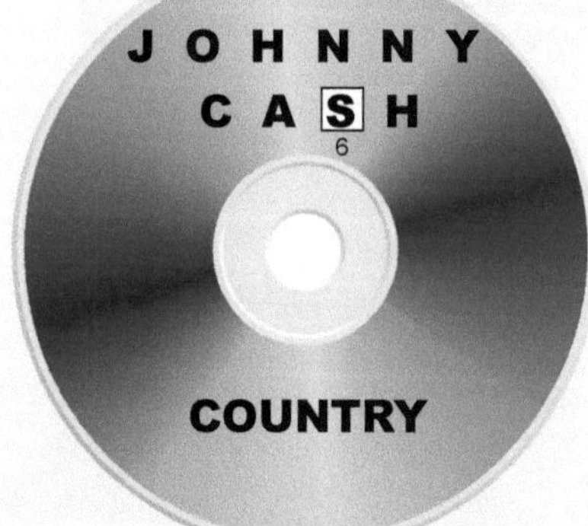

Lösungswort:

MUSIKSTILE

RÄTSEL MUSIK
KOHL VERLAG

3	Name:	Datum:

Unsere Stimme

Löse das Kreuzworträtsel:

Ä = AE

Senkrecht:

- **a)** Mittlere Männerstimme
- **c)** Stimmlagenveränderung im Alter zwischen 11 und 13 Jahren
- **d)** Gemeinschaft von Singenden
- **e)** Mittlere Frauenstimme
- **f)** Hohlkörper, in dem die Luftschwingung den Ton verstärkt
- **g)** Muskel, der sich beim Einatmen senkt und beim Ausatmen hebt
- **j)** Hohe Männerstimme

Waagerecht:

- **b)** Tiefe Männerstimme
- **h)** Störung der menschlichen Stimme
- **i)** Sie schwingen im Hals und machen den Ton
- **k)** Hohe Frauenstimme
- **l)** Oberer Teil der Luftröhre, wo der Ton erzeugt wird
- **m)** Mensch, der singt
- **n)** Tiefe Frauenstimme

Ein Reiben der Stimmbänder, das – zu oft gemacht – der Stimme schaden kann:	Lösungswort: ___ ___ ___ ___ ___ ___ ___ ___ ___ 1 2 3 4 5 6 7 8 9

RÄTSEL MUSIK
40 Rätsel SEKUNDARSTUFE – Bestell-Nr. 12 352
KOHL VERLAG

3 Lösung

Unsere Stimme

Senkrecht:

a) Mittlere Männerstimme

c) Stimmlagenveränderung im Alter zwischen 11 und 13 Jahren

d) Gemeinschaft von Singenden

e) Mittlere Frauenstimme

f) Hohlkörper, in dem die Luftschwingung den Ton verstärkt

g) Muskel, der sich beim Einatmen senkt und beim Ausatmen hebt

j) Hohe Männerstimme

Waagerecht:

b) Tiefe Männerstimme

h) Störung der menschlichen Stimme

i) Sie schwingen im Hals und machen den Ton

k) Hohe Frauenstimme

l) Oberer Teil der Luftröhre, wo der Ton erzeugt wird

m) Mensch, der singt

n) Tiefe Frauenstimme

Ein Reiben der Stimmbänder, das – zu oft gemacht – der Stimme schaden kann:	Lösungswort: **RAEUSPERN**

RÄTSEL MUSIK

4

Name: Datum:

Zeichen für die Lautstärke

... werden auch wie genannt?

____

Ordne richtig zu. Alle Buchstaben, die NICHT von einer Verbindungslinie getroffen werden, ergeben von oben nach unten gelesen die Lösung.

sehr leise	*	D	* p *	M Z	*	mezzoforte
leise	*	A Y L I	* mp *	E I	*	forte
mittelleise	*	N	* pp *	S	*	piano
mittellaut	*	A B	* ff *	T E	*	pianissimo
laut	*	M E I G	* mf *	I A	*	mezzopiano
sehr laut	*	S C O	* > *	C H	*	crescendo
lauter werden	*	W H	* f *	B E L N	*	decrescendo
leiser werden	*	E	* < *		*	fortissimo

RÄTSEL MUSIK
40 Rätsel SEKUNDARSTUFE – Bestell-Nr. 12 352
KOHL VERLAG

4 Lösung

Zeichen für die Lautstärke

... werden auch wie genannt?

DYNAMISCHE ZEICHEN

sehr leise *	* p *	* mezzoforte
leise *	* mp *	* forte
mittelleise *	* pp *	* piano
mittellaut *	* ff *	* pianissimo
laut *	* mf *	* mezzopiano
sehr laut *	* > *	* crescendo
lauter werden *	* f *	* decrescendo
leiser werden *	* < *	* fortissimo

5

Name:	Datum:

Notenwerte und Pausen

Verbinde richtig!
Kreise alle Buchstaben ein, die NICHT von einer Verbindungslinie getroffen werden.
Von oben nach unten gelesen, ergeben die Buchstaben das Lösungswort.

____

Ganze Note	*	T	*	
Halbe Note	*	O B	*	
Viertelnote	*	S	*	
Achtelnote	*	L I	*	
Sechzehntelnote	*	E R	*	
Ganze Pause	*	N O F	*	
Halbe Pause	*	I	*	
Viertelpause	*	V P	*	
Achtelpause	*	M A O	*	
Sechzehntelpause	*	K L E	*	

RÄTSEL MUSIK
40 Rätsel SEKUNDARSTUFE – Bestell-Nr. 12 352
KOHL VERLAG

5 Lösung

Notenwerte und Pausen

Lösungswort:

KOMPONIST

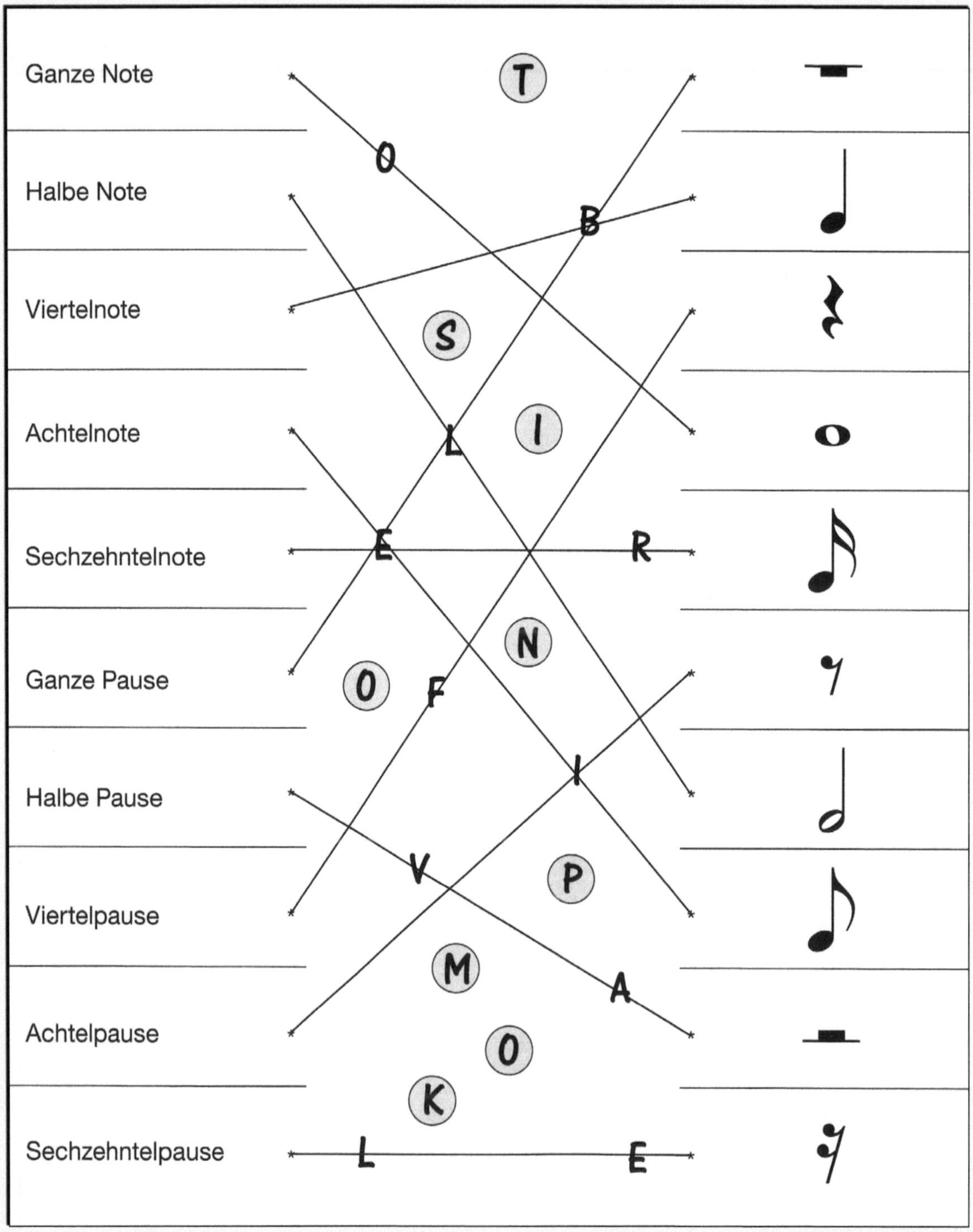

Ganze Note
Halbe Note
Viertelnote
Achtelnote
Sechzehntelnote
Ganze Pause
Halbe Pause
Viertelpause
Achtelpause
Sechzehntelpause

T O B S I L E R N O F I V P M A O K L E

RÄTSEL MUSIK
KOHL VERLAG

6

Name:	Datum:

Im Kinderchor

Wie heißen die Kinder im Kinderchor?
Mithilfe der Notennamen findest du es heraus!

RÄTSEL MUSIK
40 Rätsel SEKUNDARSTUFE – Bestell-Nr. 12 352
KOHL VERLAG

6 Lösung

Im Kinderchor

7

Name: Datum:

Vom Singen ...

Lösungswort:

_ _ _ _ _ _
1 2 3 4 5 6

Löse das Kreuzworträtsel:

Waagerecht:

c) Hohe Männerstimme
e) Religiöse Lieder der Schwarzen Nordamerikas
g) Sängerin, die in einer Oper die weibliche Hauptrolle spielt – aus dem Italienischen
h) Hohe Frauenstimme
i) Einzeln auftretende Person
j) Schlager, der lange Zeit populär ist
n) Einfaches, volkstümliches Lied
o) Gesang ohne Instrumentalbegleitung
p) Lied für zwei Sänger

Senkrecht:

a) Gemeinschaft von Singenden
b) Sprechgesang
d) Sich wiederholender Teil in einem Lied
f) Lied mit zeitlich versetzten Stimmen
k) Entwicklung, bei der sich die Stimmlage ändert
l) Lied, in dem eine Geschichte erzählt wird – seit dem 18. Jh.
m) Sololied in einer Oper

KOHL VERLAG
RÄTSEL MUSIK
40 Rätsel SEKUNDARSTUFE – Bestell-Nr. 12 352

7 Lösung

Vom Singen ...

Lösungswort:

LIEDER

Waagerecht:

- **c)** Hohe Männerstimme
- **e)** Religiöse Lieder der Schwarzen Nordamerikas
- **g)** Sängerin, die in einer Oper die weibliche Hauptrolle spielt – aus dem Italienischen
- **h)** Hohe Frauenstimme
- **i)** Einzeln auftretende Person
- **j)** Schlager, der lange Zeit populär ist
- **n)** Einfaches, volkstümliches Lied
- **o)** Gesang ohne Instrumentalbegleitung
- **p)** Lied für zwei Sänger

Senkrecht:

- **a)** Gemeinschaft von Singenden
- **b)** Sprechgesang
- **d)** Sich wiederholender Teil in einem Lied
- **f)** Lied mit zeitlich versetzten Stimmen
- **k)** Entwicklung, bei der sich die Stimmlage ändert
- **l)** Lied, in dem eine Geschichte erzählt wird – seit dem 18. Jh.
- **m)** Sololied in einer Oper

RÄTSEL MUSIK

8

Name:	Datum:

Geschichte der Akustik

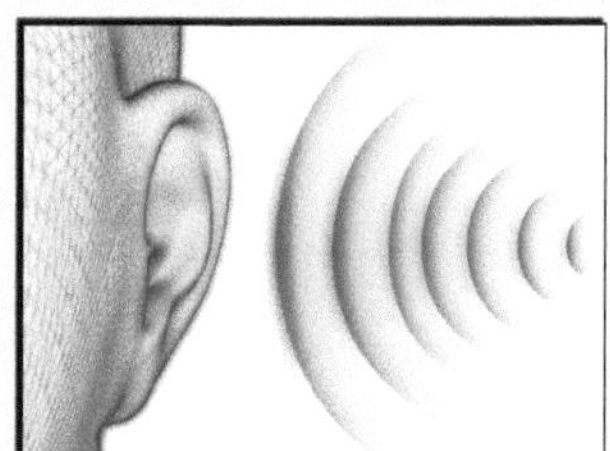

Die Akustik ist ein Teilgebiet der Physik. Schon seit langem beschäftigen sich interessierte Menschen mit Tönen und dem Hören. Beim Ordnen der Zeitstreifen werden dir viele bekannte Physiker begegnen.

O	**Isaac Newton** (1643 - 1727) berechnete als Erster die Schallgeschwindigkeit aufgrund theoretischer Überlegungen.
V	**Galileo Galilei** (1564 - 1642) beschrieb den für die Akustik wichtigen Zusammenhang zwischen Tonhöhe und Frequenz.
L	1925 kommt die erste elektronisch aufgenommene Schallplatte auf den Markt.
L	Im 3. Jahrtausend v. Chr. beschäftigte man sich in China erstmalig mit der Akustik.
R	Ca. 30 v. Chr. beschäftigten sich römische Architekten mit der Schallausbreitung in Amphitheatern.
!	Die erste CD kam 1982 auf den Markt.
H	**Paul Langevin** (1872 - 1946) verwendete Ultraschall zur technischen Ortung von Objekten unter Wasser (Sonar).
H	Ca. 220 v. Chr. wurde der Wellencharakter von Schall mit Wasser verglichen.
M	**Georg Simon Ohm** (1789 - 1854) stellte die Fähigkeit des Gehörs fest, Klänge in Grund- und harmonische Töne aufzulösen.
E	**Pythagoras von Samos** (ca. 570 - 510 v. Chr.) analysierte mathematisch den Zusammenhang von Saitenlänge und Tonhöhe beim Monochord (einsaitiges Instrument).
S	In der zweiten Hälfte des 19. Jh. wurden erste akustische Aufzeichnungsgeräte sowie der Phonograph des **Thomas Alva Edison** (1847 - 1931) entwickelt.
L	Das Aufkommen der ersten Synthesizer ermöglichte 1940 Komponisten die völlige Klangkontrolle.
A	**Heinrich Barkhausen** (1881 - 1956) erfand das erste Gerät zur Messung der Lautstärke
E	**Leonardo da Vinci** (1452 - 1519) erkannte u. a., dass Luft zur Ausbreitung des Schalls erforderlich ist und dass sich Schall mit einer bestimmten Geschwindigkeit ausbreitet.
C	Ab dem Beginn des 20. Jh. entwickelte sich die wissenschaftliche Raumakustik mit dem Ziel, die Hörsamkeit von Räumen zu verbessern.

Ordne die Streifen richtig und du erhältst die Lösung:

____

RÄTSEL MUSIK
40 Rätsel SEKUNDARSTUFE – Bestell-Nr. 12 352
KOHL VERLAG

8 Lösung

Geschichte der Akustik

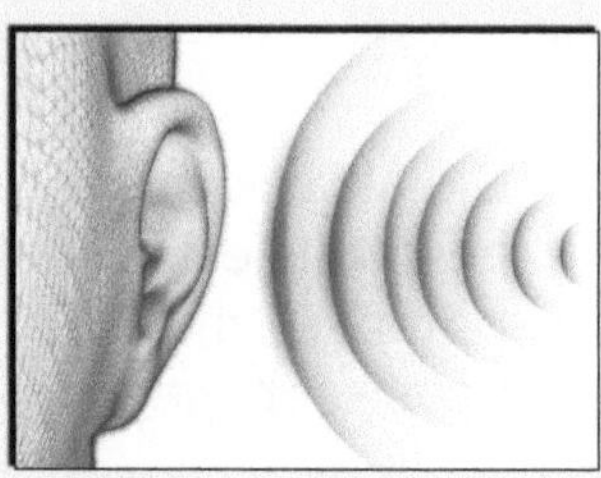

L	Im 3. Jahrtausend v. Chr. beschäftigte man sich in China erstmalig mit der Akustik.
E	**Pythagoras von Samos** (ca. 570 - 510 v. Chr.) analysierte mathematisch den Zusammenhang von Saitenlänge und Tonhöhe beim Monochord (einsaitiges Instrument).
H	Ca. 220 v. Chr. wurde der Wellencharakter von Schall mit Wasser verglichen.
R	Ca. 30 v. Chr. beschäftigten sich römische Architekten mit der Schallausbreitung in Amphitheatern.
E	**Leonardo da Vinci** (1452 - 1519) erkannte u. a., dass Luft zur Ausbreitung des Schalls erforderlich ist und dass sich Schall mit einer bestimmten Geschwindigkeit ausbreitet.
V	**Galileo Galilei** (1564 - 1642) beschrieb den für die Akustik wichtigen Zusammenhang zwischen Tonhöhe und Frequenz.
O	**Isaac Newton** (1643 - 1727) berechnete als Erster die Schallgeschwindigkeit aufgrund theoretischer Überlegungen.
M	**Georg Simon Ohm** (1789 - 1854) stellte die Fähigkeit des Gehörs fest, Klänge in Grund- und harmonische Töne aufzulösen.
S	In der zweiten Hälfte des 19. Jh. wurden erste akustische Aufzeichnungsgeräte sowie der Phonograph des **Thomas Alva Edison** (1847 - 1931) entwickelt.
C	Ab dem Beginn des 20. Jh. entwickelte sich die wissenschaftliche Raumakustik mit dem Ziel, die Hörsamkeit von Räumen zu verbessern.
H	**Paul Langevin** (1872 - 1946) verwendete Ultraschall zur technischen Ortung von Objekten unter Wasser (Sonar).
A	**Heinrich Barkhausen** (1881 - 1956) erfand das erste Gerät zur Messung der Lautstärke.
L	1925 kommt die erste elektronisch aufgenommene Schallplatte auf den Markt.
L	Das Aufkommen der ersten Synthesizer ermöglichte 1940 Komponisten die völlige Klangkontrolle.
!	Die erste CD kam 1982 auf den Markt.

Die Lösung: **LEHRE VOM SCHALL**

9

Name:	Datum:

Klänge

Woher können Klänge kommen? Ordne richtig zu und trage ein. Du erhältst ein Lösungswort.

Achtung: Manche Begriffe haben gleich viele Buchstaben, vielleicht musst du ein wenig herumprobieren, damit ein sinnvolles Lösungswort herauskommt!

HOCH / KURZ / TIEF / HELL / LAUT / DUNKEL / LANG / LEISE

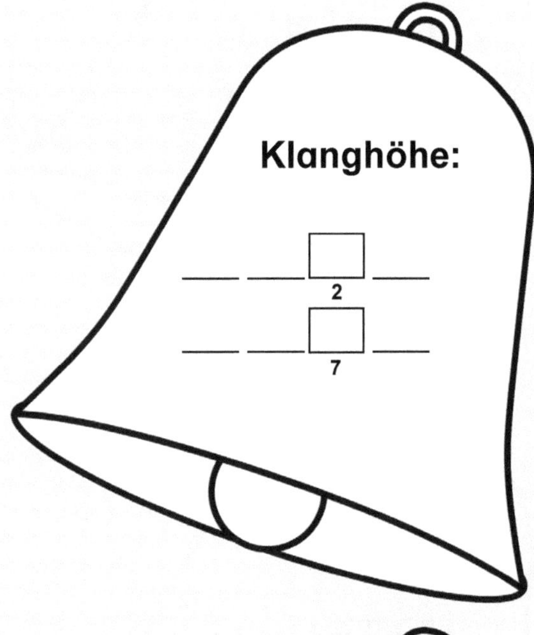

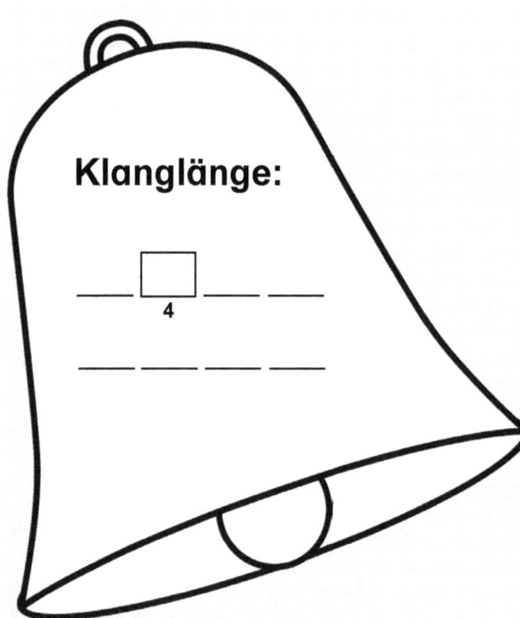

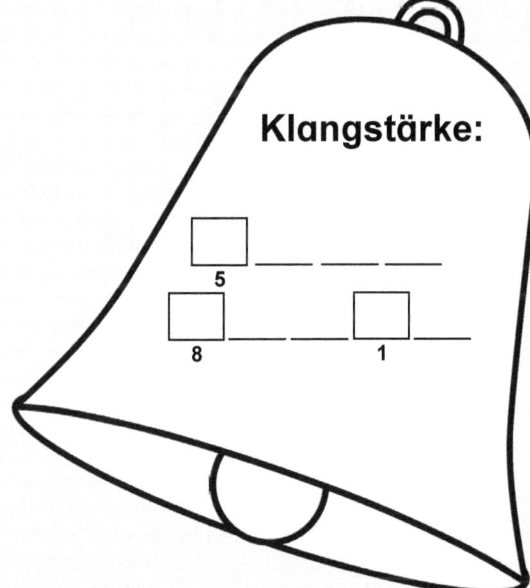

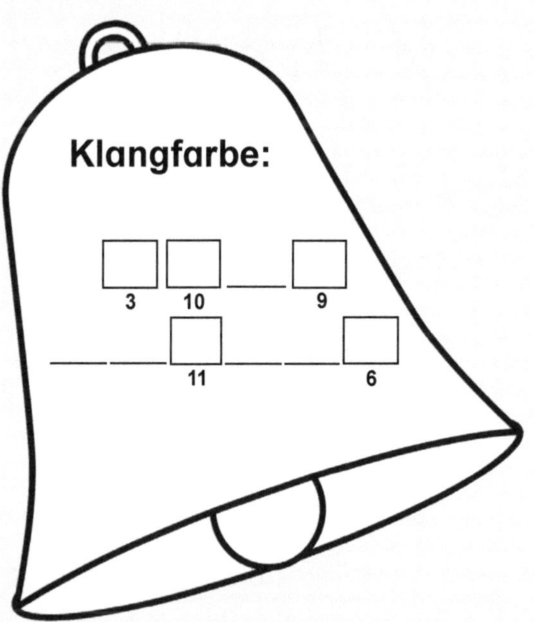

Lösung: _ _ _ _ _ _ W _ _ _ _ _

1 2 3 4 5 6   7 8 9 10 11

RÄTSEL MUSIK – 40 Rätsel SEKUNDARSTUFE – Bestell-Nr. 12 352
KOHL VERLAG

9 Lösung

Klänge

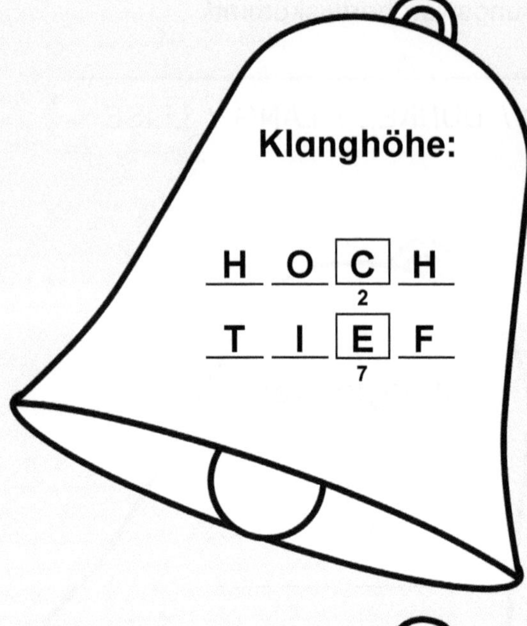

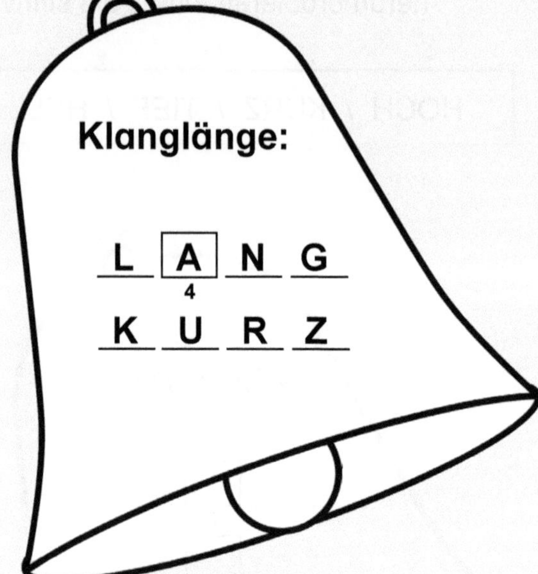

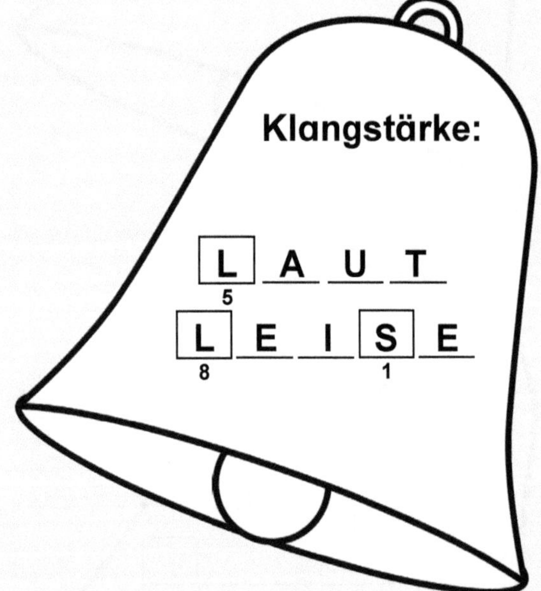

Lösung: **SCHALLWELLEN**

10

Name:	Datum:

Intervalle

Verbinde richtig!
Die Buchstaben, die direkt auf Linien liegen, ergeben – von unten nach oben gelesen – die Lösung!

____

	*	E N	*	Prim
	*	L O	*	Sekund
	*	T F	*	Terz
	*	O	*	Quart
		R N		
	*	R K	*	Quint
	*	E S	*	Sext
	*	P I	*	Septim
	*	M O	*	Oktav

RÄTSEL MUSIK
40 Rätsel SEKUNDARSTUFE – Bestell-Nr. 12 352
KOHL VERLAG

10 Lösung

Intervalle

Lösung: **MIKROFON**

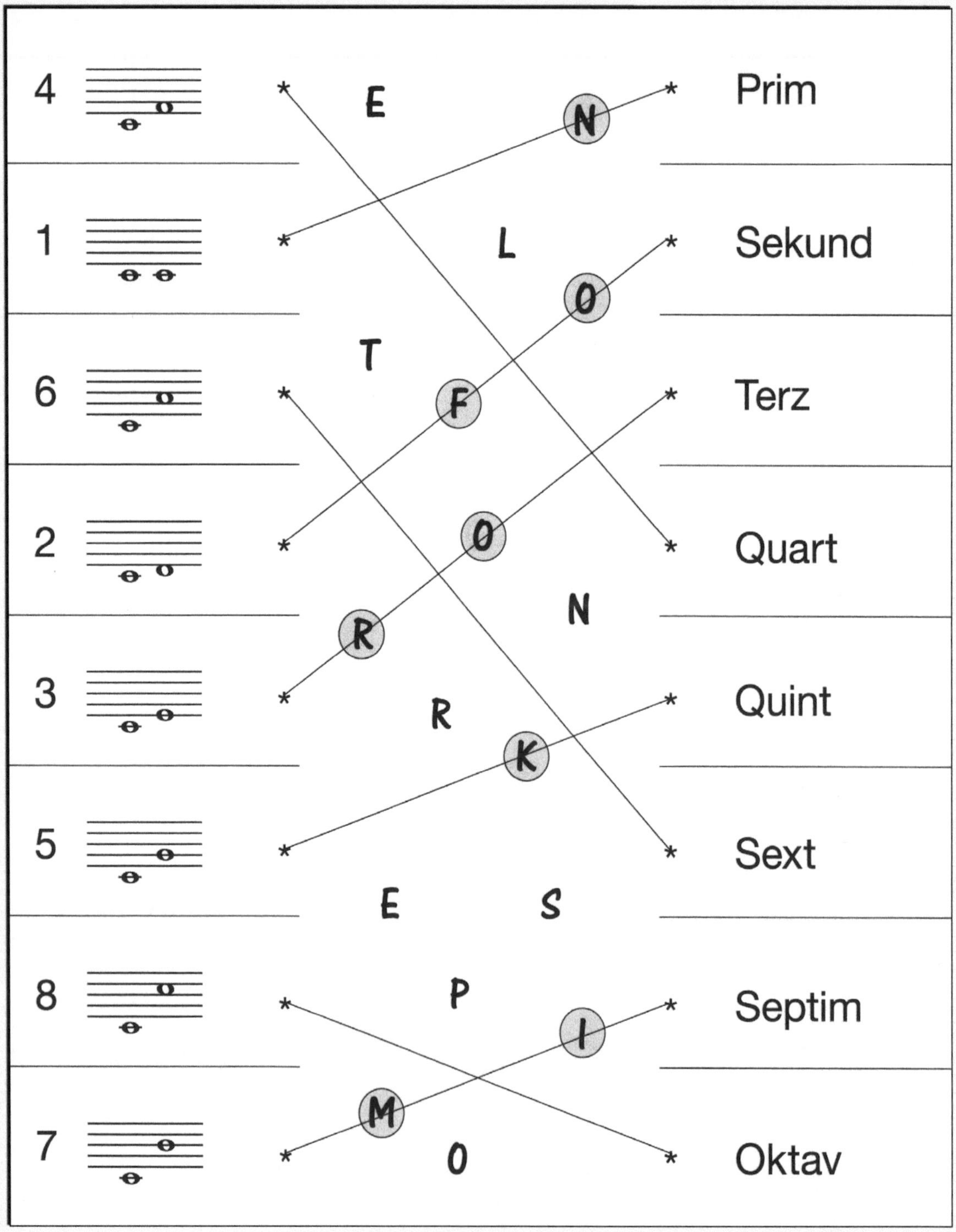

4	E N	Prim
1	L O	Sekund
6	T F	Terz
2	O	Quart
3	N R R	Quint
5	K	Sext
8	E S P	Septim
7	I M O	Oktav

11

Name:	Datum:

Das Tempo in der Musik

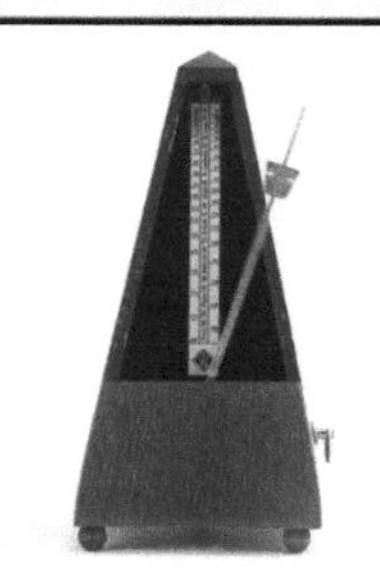

Das Tempo in der Musik gibt an, wie schnell ein Stück zu spielen ist. Üblich sind bei der Angabe italienische Bezeichnungen. Du kannst diese Ausdrücke mithilfe der unten stehenden Geheimschrift lösen!

___ ___ ___ ___ ___	langsam und sehr breit
___ ___ ___ ___ ___ ___	langsam und ruhig
___ ___ ___ ___ ___ ___ ___	gehend, mäßig langsam
___ ___ ___ ___ ___ ___ ___ ___	mäßig, aber nicht langsam
___ ___ ___ ___ ___ ___ ___	munter, fröhlich
___ ___ ___ ___ ___ ___	lebhaft
___ ___ ___ ___ ___ ___	schnell, geschwind

Zur genaueren Angabe der Tempi erfand Johann Nepomuk Mälzel 1816 das sogenannte Metronom. Dieses Gerät gibt ganz genau einen Grundschlag an.

A	E	I	O	U
B	F	J	P	V
C	G	K	Q	W usw. ...
⋮	⋮	⋮	⋮	⋮

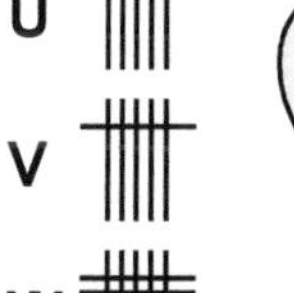

Hilfe: Selbstlaut, dann jeder Mitlaut: 1 Strich dazu!

RÄTSEL MUSIK 40 Rätsel SEKUNDARSTUFE – Bestell-Nr. 12 352
KOHL VERLAG

11 Lösung

Das Tempo in der Musik

L A R G O	langsam und sehr breit
A D A G I O	langsam und ruhig
A N D A N T E	gehend, mäßig langsam
M O D E R A T O	mäßig, aber nicht langsam
A L L E G R O	munter, fröhlich
V I V A C E	lebhaft
P R E S T O	schnell, geschwind

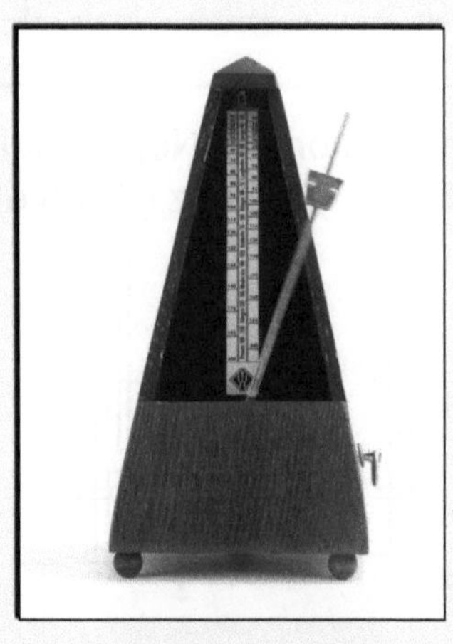

12

Name: | Datum:

Noten-Puzzle

Wie gut kennst du dich bei Notennamen aus? Hier kannst du dein Wissen unter Beweis stellen: Schneide die Puzzleteile genau aus und versuche, sie richtig zusammmenzusetzen.

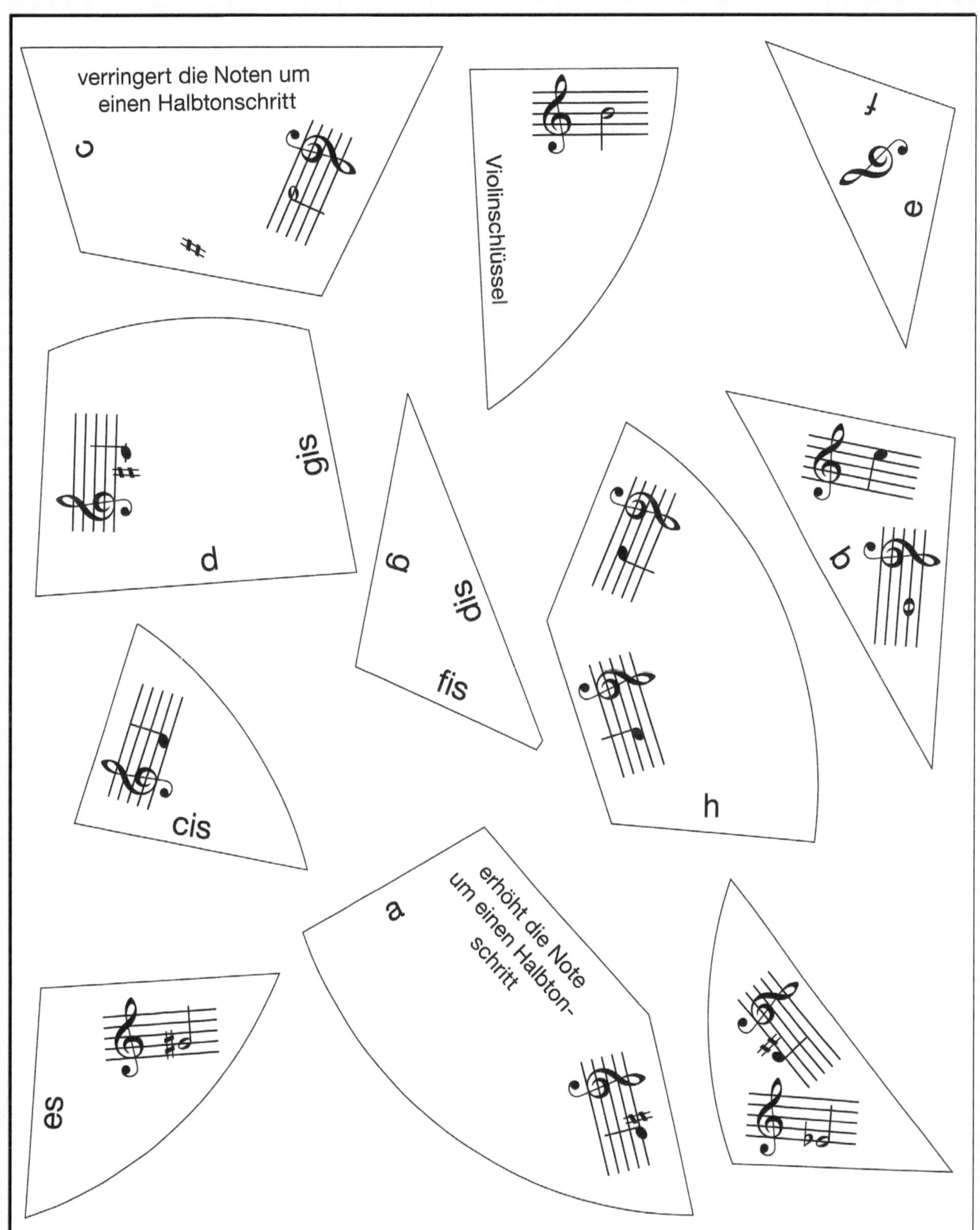

RÄTSEL MUSIK – Bestell-Nr. 12 352
40 Rätsel SEKUNDARSTUFE
KOHL VERLAG

12 Lösung

Noten-Puzzle

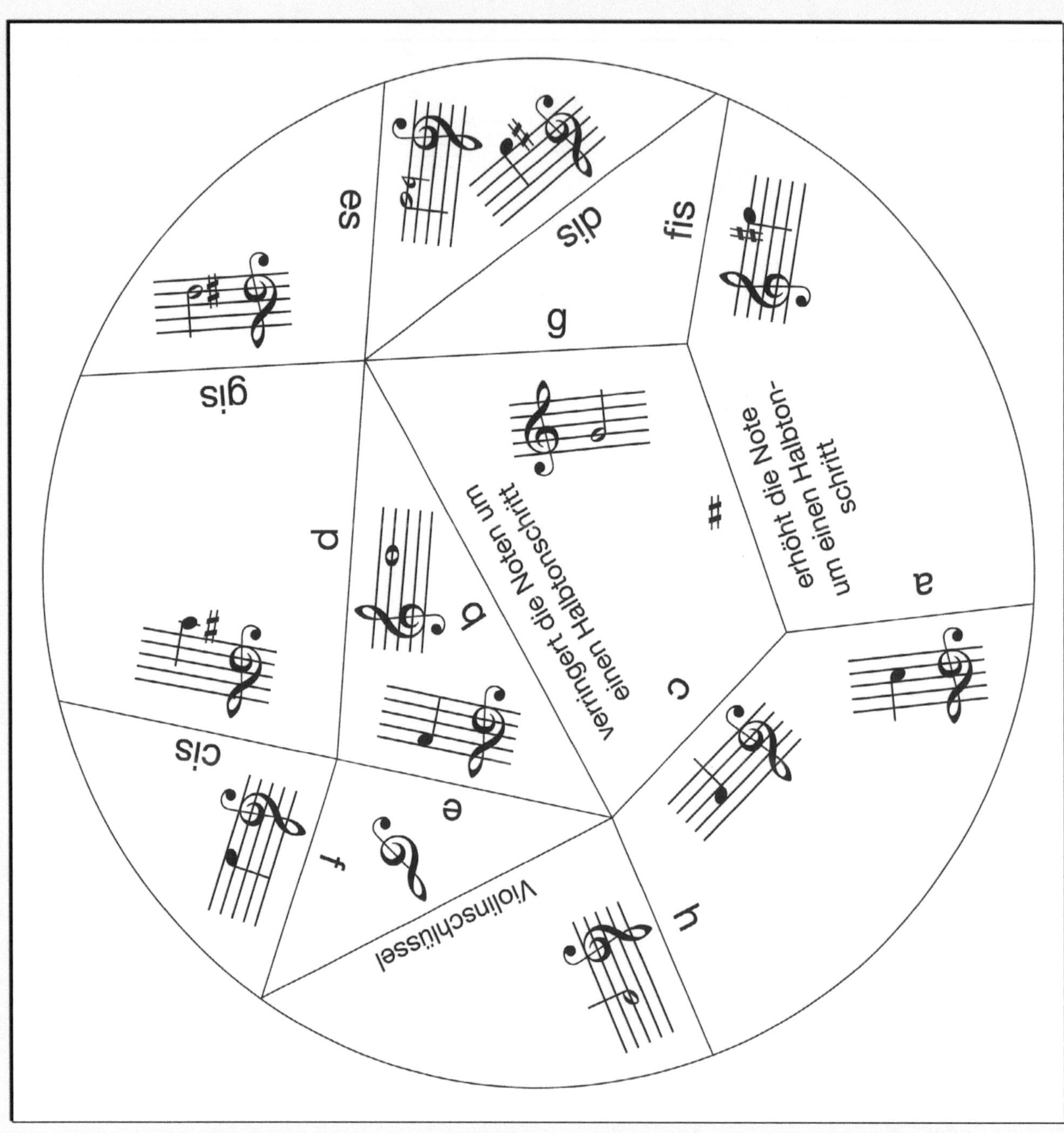

13 | Name: | Datum:

Tänze – rund um die Welt

Löse das Kreuzworträtsel:

Ü = UE

Waagerecht:

g) Tanzform mit Schlittschuhen auf dem Eis
l) Theaterproduktion mit Musik und Tanz
n) Tanzsport
p) Tanz in der Karibik, bei dem man sich unter einer Stange durchschiebt
q) Kreativer Gestalter eines Tanzes
r) Drehung um die eigene Körperachse

Senkrecht:

a) Tanzvorstellung auf einer Bühne mit Musikbegleitung
b) Wiener Tanz im ¾-Takt
c) Volkstanz aus Bayern und Österreich
d) Argentinischer Gesellschaftstanz
e) Galoppartiger Bühnenschautanz in Pariser Varietes
f) Umgangssprachliche Bezeichnungen für orientalischen Tanz
h) Tanz, der meist zu Country Music in Reihen getanzt wird
i) Rauschzustand, in den manche Völker beim Tanzen verfallen
j) Kurzname für ein modernes Tanzlokal
k) Polynesischer Tanz z.B. auf Hawaii
m) Welche Tiere kommunizieren durch Tänze?
o) Tanz, der zu Rapmusik aufgeführt wird

Lösungswort:

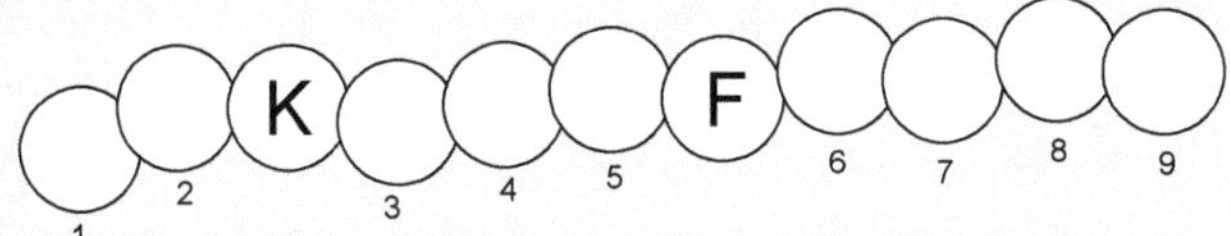

RÄTSEL MUSIK
40 Rätsel SEKUNDARSTUFE – Bestell-Nr. 12 352

13 Lösung

Tänze – rund um die Welt

a) BALLETT
b) WALZER
c) ZWIEFACHE
d) TANGO
e) CANCAN
f) BAUCHTANZ
g) EISTANZEN
h) LINEDANCE
i) TRANCE
j) DISCO
k) HULA
l) MUSICAL
m) BIENEN
n) TURNIERTANZ
o) HIPHOP
p) LIMBO
q) CHOREOGRAPH
r) PIROUETTE

Senkrecht:

- **a)** Tanzvorstellung auf einer Bühne mit Musikbegleitung
- **b)** Wiener Tanz im ¾-Takt
- **c)** Volkstanz aus Bayern und Österreich
- **d)** Argentinischer Gesellschaftstanz
- **e)** Galoppartiger Bühnenschautanz in Pariser Varietes
- **f)** Umgangssprachliche Bezeichnungen für orientalischen Tanz
- **h)** Tanz, der meist zu Country Music in Reihen getanzt wird
- **i)** Rauschzustand, in den manche Völker beim Tanzen verfallen
- **j)** Kurzname für ein modernes Tanzlokal
- **k)** Polynesischer Tanz z.B. auf Hawaii
- **m)** Welche Tiere kommunizieren durch Tänze?
- **o)** Tanz, der zu Rapmusik aufgeführt wird

Waagerecht:

- **g)** Tanzform mit Schlittschuhen auf dem Eis
- **l)** Theaterproduktion mit Musik und Tanz
- **n)** Tanzsport
- **p)** Tanz in der Karibik, bei dem man sich unter einer Stange durchschiebt
- **q)** Kreativer Gestalter eines Tanzes
- **r)** Drehung um die eigene Körperachse

Lösungswort:

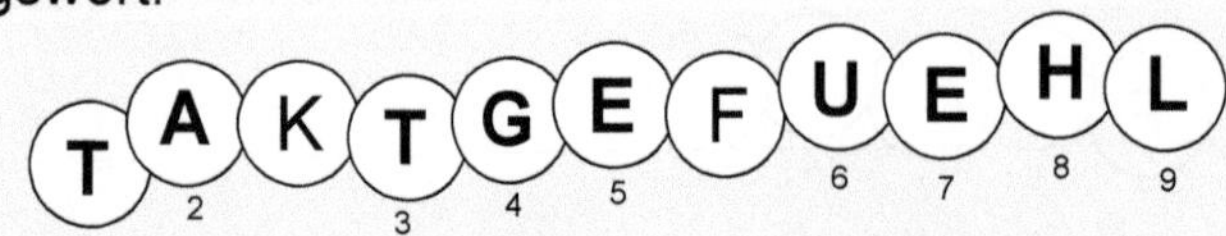

14

Name:	Datum:

Geschichte der Tänze

R	Im 18. Jh. werden in Paris die ersten Handlungsballette aufgeführt.
Z	Zur Ausbildung gehört auch der Tanz bei den Kriegen in Griechenland, etwa 500 v. Chr.
A	Ca. 2000 Jahre v. Chr. tanzen die Alten Ägypter während iher Zeremonien zu Ehren der Götter.
C	„Breakdance“ entsteht in den 60er-Jahren.
S	1933 werden Fred Astaire und Ginger Rogers mit ihren Steppeinlagen weltberühmt.
E	Um ca. 1900 entwickelt eine Amerikanerin den Ausdruckstanz und bricht dabei alle Regeln des klassischen Tanzes.
K	Im 17. Jh. ist der Tanz aus dem gesellschaftlichen Leben nicht mehr wegzudenken.
E	Fernsehshows wie „Dancing Stars“ und „Let‘s Dance“ bringen den Tanz auf viele Bildschirme.
P	Lateinamerikanische Tänze wie Rumba, Samba und Cha-Cha-Cha werden 1945 modern.
P	Der Cancan, ein galoppartiger Schautanz, wird in Paris um 1830 modern.
R	In den 30er-Jahren ist der Jive ein beliebter Jazztanz.
N	Chinesische Schamanen nehmen ca. 100 v. Chr. Kontakt zu Geistern auf, wenn sie tanzen.
T	Felsmalereien von ca. 15 000 v. Chr. zeigen Menschen, die tanzen.
R	In den 50er-Jahren tanzen die Teenager Rock‘n‘Roll,
A	Ein freier Tanzstil ohne Regeln (Diskotanz) wird in den 60er-Jahren getanzt.
Ö	Ca. 1790 entwickelt sich in Wien der Walzer.
H	In den 90er-Jahren wird der Hip-Hop modern.
=	Um 1300 werden an den Adelshöfen Reigen und Paartänze getanzt.

Ordne die Streifen richtig und du erhältst die Lösung:

____

KOHL VERLAG
RÄTSEL MUSIK
40 Rätsel SEKUNDARSTUFE – Bestell-Nr. 12 352

14 Lösung

Geschichte der Tänze

T	Felsmalereien von ca. 15000 v. Chr. zeigen Menschen, die tanzen.
A	Ca. 2000 Jahre v. Chr. tanzen die Alten Ägypter während iher Zeremonien zu Ehren der Götter.
N	Chinesische Schamanen nehmen ca. 100 v. Chr. Kontakt zu Geistern auf, wenn sie tanzen.
Z	Zur Ausbildung gehört auch der Tanz bei den Kriegen in Griechenland, etwa 500 v. Chr.
=	Um 1300 werden an den Adelshöfen Reigen und Paartänze getanzt.
K	Im 17. Jh. ist der Tanz aus dem gesellschaftlichen Leben nicht mehr wegzudenken.
Ö	Ca. 1790 entwickelt sich in Wien der Walzer.
R	Im 18. Jh. werden in Paris die ersten Handlungsballette aufgeführt.
P	Der Cancan, ein galoppartiger Schautanz, wird in Paris um 1830 modern.
E	Um ca. 1900 entwickelt eine Amerikanerin den Ausdruckstanz und bricht dabei alle Regeln des klassischen Tanzes.
R	In den 30er-Jahren ist der Jive ein beliebter Jazztanz.
S	1933 werden Fred Astaire und Ginger Rogers mit ihren Steppeinlagen weltberühmt.
P	Lateinamerikanische Tänze wie Rumba, Samba und Cha-Cha-Cha werden 1945 modern.
R	In den 50er-Jahren tanzen die Teenager Rock‘n‘Roll.
A	Ein freier Tanzstil ohne Regeln (Diskotanz) wird in den 60er-Jahren getanzt.
C	„Breakdance“ entsteht in den 60er-Jahren.
H	In den 90er-Jahren wird der Hip-Hop modern.
E	Fernsehshows wie „Dancing Stars“ und „Let‘s Dance“ bringen den Tanz auf viele Bildschirme.

Die Lösung:

TANZ = KÖRPERSPRACHE

15

Name: | Datum:

Die Oper

Löse das Kreuzworträtsel:

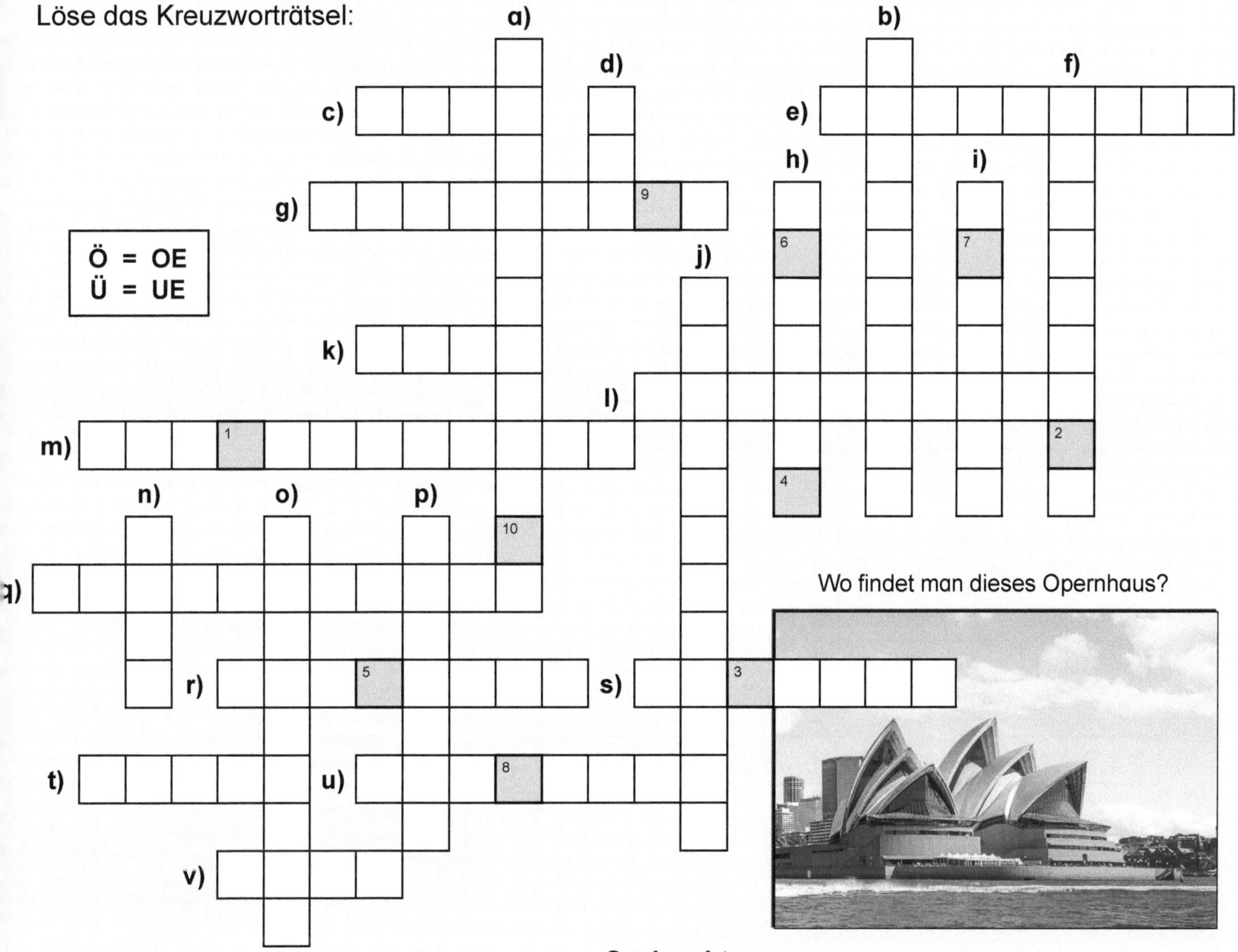

Ö = OE
Ü = UE

Wo findet man dieses Opernhaus?

Waagerecht:

- **c)** Gemeinschaft von Singenden
- **e)** Spielleiter
- **g)** Gruppe der Musiker in der Oper
- **k)** Sologesang in der Oper
- **l)** Instrumentales Einleitungsstück
- **m)** Darsteller einer Rolle
- **q)** Optische Gestaltung des Raumes
- **r)** Text der Oper
- **s)** Gewand des Schauspielers
- **t)** Mailänder Opernhaus
- **u)** Musikalischer Leiter der Musiker
- **v)** Bekannte Oper von Guiseppe Verdi

Senkrecht:

- **a)** Hier begann schon die antike Vorgeschichte der Oper
- **b)** Ausstattungs-Gegenstände für Szenen in der Oper
- **d)** Teil einer Oper
- **f)** Flüsternder Einsager in der Oper
- **h)** Tanzvorstellung auf der Opernbühne
- **i)** Stadt, in der die Oper im heutigen Sinn im 16. Jh. entstand
- **j)** Sehr bekannte Oper Mozarts
- **n)** Das lat. Wort „*opus*" bedeutet ...
- **o)** Sprechgesang
- **p)** Einzige Oper Beethovens

Lösungswort: _ _ _ _ _ _ _ _ _ _
1 2 3 4 5 6 7 8 9 10

RÄTSEL MUSIK
40 Rätsel SEKUNDARSTUFE – Bestell-Nr. 12 352
KOHL VERLAG

15 Lösung

Die Oper

Waagerecht:
c) CHOR
e) REGISSEUR
g) ORCHESTER
k) ARIE
l) OUVERTUERE
m) SCHAUSPIELER
q) BUEHNENBILD
r) LIBRETTO
s) KOSTUEM
t) SCALA
u) DIRIGENT
v) AIDA

Senkrecht:
a) GRIECHENLAND
b) REQUISITEN
d) AKT
f) SOUFFLEUR
h) BALLETT
i) FLORENZ
j) ZAUBERFLOETE
n) WERK
o) REZITATIV
p) FIDELIO

Dieses Opernhaus ist in Sydney, Australien.

Waagerecht:
- **c)** Gemeinschaft von Singenden
- **e)** Spielleiter
- **g)** Gruppe der Musiker in der Oper
- **k)** Sologesang in der Oper
- **l)** Instrumentales Einleitungsstück
- **m)** Darsteller einer Rolle
- **q)** Optische Gestaltung des Raumes
- **r)** Text der Oper
- **s)** Gewand des Schauspielers
- **t)** Mailänder Opernhaus
- **u)** Musikalischer Leiter der Musiker
- **v)** Bekannte Oper von Guiseppe Verdi

Senkrecht:
- **a)** Hier begann schon die antike Vorgeschichte der Oper
- **b)** Ausstattungs-Gegenstände für Szenen in der Oper
- **d)** Teil einer Oper
- **f)** Flüsternder Einsager in der Oper
- **h)** Tanzvorstellung auf der Opernbühne
- **i)** Stadt, in der die Oper im heutigen Sinn im 16. Jh. entstand
- **j)** Sehr bekannte Oper Mozarts
- **n)** Das lat. Wort „*opus*" bedeutet ...
- **o)** Sprechgesang
- **p)** Einzige Oper Beethovens

Lösungswort: **AUSTRALIEN**

16

Name:	Datum:

Epochen der Musik

Verbinde richtig und du erhältst ein Lösungswort aus den Buchstaben, die nicht von einer Verbindungslinie getroffen werden.

ANTIKE ab ca. 1200 v. Chr. – ca. 600 n. Chr.	*	T H L	*	Minnesänger (z. B. Walther von der Vogelweide), Beginn der Mehrstimmigkeit, Spielleute und Gaukler
SPÄTANTIKE ca. 200 n. Chr. – ca. 500 n. Chr.	*	A	*	Notendruck, Komponisten sind nicht mehr anonym, sondern werden als Künstler gesehen
MITTELALTER ca. 500 – ca. 1500	*	M K T M	*	Vorherrschaft der Griechen, Mathematiker entdecken schon Gesetzmäßigkeiten im Tonsystem, Chorgesang
RENAISSANCE 15./16. Jahrhundert	*	S E	*	Sinfonie als neue Kunstform, Haydn, Mozart, Beethoven
BAROCK ca. 1600 – ca. 1750	*	R T W	*	Großer Einfluss durch Papst Gregor d. Großen, Altargesänge, gregorianische Gesänge
KLASSIK 18. Jahrhundert	*	O I C	*	Völlig neue musikalische Ansätze, Abkehr von Traditionen, Zwölftonmusik, Strawinsky, Schönberg
ROMANTIK 19. Jahrhundert	*	E H	*	Liszt, Bruckner, Brahms, Wagner, Chopin, Schumann, Berlioz
MODERNE 20. und 21. Jahrhundert	*	R K	*	Um 1600: erste Opern und Oratorien, Harmonielehre und Taktordnung, Bach, Händel, Vivaldi

Der Musiker Jean-Baptiste Lully starb an den Folgen eines „musikalischen Unfalls".
Er zog sich eine Verletzung mit dem ... zu, die Wunde entzündete sich und ein paar Monate später verstarb er.

Lösung: ______________________

RÄTSEL MUSIK
40 Rätsel SEKUNDARSTUFE – Bestell-Nr. 12 352

16 Lösung

Epochen der Musik

ANTIKE ab ca. 1200 v. Chr. – ca. 600 n. Chr. *	T H L	* Minnesänger (z. B. Walther von der Vogelweide), Beginn der Mehrstimmigkeit, Spielleute und Gaukler
SPÄTANTIKE ca. 200 n. Chr. – ca. 500 n. Chr. *	A	* Notendruck, Komponisten sind nicht mehr anonym, sondern werden als Künstler gesehen
MITTELALTER ca. 500 – ca. 1500 *	K M T M	* Vorherrschaft der Griechen, Mathematiker entdecken schon Gesetzmäßigkeiten im Tonsystem, Chorgesang
RENAISSANCE 15./16. Jahrhundert *	E S	* Sinfonie als neue Kunstform, Haydn, Mozart, Beethoven
BAROCK ca. 1600 – ca. 1750 *	R T W	* Großer Einfluss durch Papst Gregor d. Großen, Altargesänge, gregorianische Gesänge
KLASSIK 18. Jahrhundert *	O	* Völlig neue musikalische Ansätze, Abkehr von Traditionen, Zwölftonmusik, Strawinsky, Schönberg
ROMANTIK 19. Jahrhundert *	I C E H	* Liszt, Bruckner, Brahms, Wagner, Chopin, Schumann, Berlioz
MODERNE 20. und 21. Jahrhundert *	R K	* Um 1600: erste Opern und Oratorien, Harmonielehre und Taktordnung, Bach, Händel, Vivaldi

Lösung: **TAKTSTOCK**

RÄTSEL MUSIK

17

Name:	Datum:

Musicals

In dem Suchgitter sind 16 Namen von Musicals versteckt. Findest du sie alle? Sie können auch diagonal oder rückwärts versteckt sein.
Manche Titel bestehen aus mehreren Wörtern!

W	X	J	N	P	E	S	Q	Y	O	G	W	S	M	X	K	F	O
E	G	X	I	W	H	L	V	G	J	R	O	R	A	L	K	U	G
S	V	J	M	Y	F	A	I	R	L	A	D	Y	M	E	D	A	O
T	E	I	T	V	N	L	N	S	O	X	G	Q	M	X	C	A	Q
S	Q	F	T	G	K	Y	M	T	A	B	K	A	A	L	O	T	P
I	C	S	C	A	F	U	D	H	O	B	Z	H	M	L	E	Y	C
D	S	A	F	W	E	R	I	L	Z	M	E	T	I	U	L	A	Y
E	T	H	H	V	P	F	X	Q	A	M	D	T	A	W	B	E	V
S	A	C	H	O	R	U	S	L	I	N	E	E	H	A	G	D	S
T	H	E	R	O	C	K	Y	H	O	R	R	O	R	S	H	O	W
O	M	A	R	Y	P	P	P	P	I	N	S	E	I	O	T	B	H
R	D	R	A	C	U	L	A	X	S	E	T	O	J	Q	P	K	A
Y	D	D	Y	V	C	H	E	L	L	O	D	O	L	L	Y	E	I
S	T	A	R	L	I	G	H	T	E	X	P	R	E	S	S	V	R
K	I	S	S	M	E	K	A	T	E	N	J	A	R	N	A	H	M

↓ → ↙ ↘ ←

A _ _ _ _ _ _ _ _ _ _	**K** _ _ _ _ _ _ _ _ _
C _ _ _ _ _ _	**M** _ _ _ _ _ _ _
C _ _ _	**M** _ _ _ _ _ _ _ _ _ _
D _ _ _ _ _ _	**M** _ _ _ _ _ _ _ _ _
E _ _ _ _ _ _ _ _	**P** _ _ _ _ _ _ _ _ _ _ _ _ _
E _ _ _ _	**S** _ _ _ _ _ _ _ _ _ _ _ _ _ _ _
H _ _ _	**T** _ _ _ _ _ _ _ _ _ _ _ _ _ _ _ _ _
H _ _ _ _ _ _ _ _ _	**W** _ _ _ _ _ _ _ _ _ _ _ _

KOHL VERLAG Lernen mit Erfolg
RÄTSEL MUSIK
40 Rätsel SEKUNDARSTUFE – Bestell-Nr. 12 352

17 Lösung

Musicals

W	X	J	N	P	E	S	Q	Y	O	G	W	S	M	X	K	F	O
E	G	X	I	W	H	L	V	G	J	R	O	R	A	L	K	U	G
S	V	J	M	Y	F	A	I	R	L	A	D	Y	M	E	D	A	O
T	E	I	T	V	N	L	N	S	O	X	G	Q	M	X	C	A	Q
S	Q	F	T	G	K	Y	M	T	A	B	K	A	A	L	O	T	P
I	C	S	C	A	F	U	D	H	O	B	Z	H	M	L	E	Y	C
D	S	A	F	W	E	R	I	L	Z	M	E	T	I	U	L	A	Y
E	T	H	H	V	P	F	X	Q	A	M	D	T	A	W	B	E	V
S	A	C	H	O	R	U	S	L	I	N	E	E	H	A	G	D	S
T	H	E	R	O	C	K	Y	H	O	R	R	O	R	S	H	O	W
O	M	A	R	Y	P	O	P	P	I	N	S	E	I	O	T	B	H
R	D	R	A	C	U	L	A	X	S	E	T	O	J	Q	P	K	A
Y	D	D	Y	V	C	H	E	L	L	O	D	O	L	L	Y	E	I
S	T	A	R	L	I	G	H	T	E	X	P	R	E	S	S	V	R
K	I	S	S	M	E	K	A	T	E	N	J	A	R	N	A	H	M

A CHORUS LINE	K ISS ME KATE
C ABARET	M AMMA MIA
C ATS	M ARY POPPINS
D RACULA	M Y FAIR LADY
E LISABETH	P HANTOM DER OPER
E VITA	S TARLIGHT EXPRESS
H AIR	T HE ROCKY HORRORSHOW
H ELLO DOLLY	W EST SIDE STORY

18

Name:	Datum:

Die Zauberflöte

Suche folgende 16 Begriffe zur Zauberflöte im Gitter.
Sie können auch rückwärts versteckt sein:

ZAUBERFLÖTE / SARASTRO / TAMINO / KÖNIGINDERNACHT / PAMINA / PAPAGENO / PAPAGENA / MONOSTRATOS / GLOCKENSPIEL / PALAST / SPRECHVERBOT / PRÜFUNGEN / VOGELFÄNGER / PRINZ / MOZART / OPER

M	O	N	O	S	T	R	A	T	O	S	W	O	N	P	T	Z
L	E	I	P	S	N	E	K	C	O	L	G	N	E	A	R	N
O	D	Z	A	U	B	E	R	F	L	Ö	T	E	G	L	A	I
R	E	G	N	Ä	F	L	E	G	O	V	I	G	N	A	Z	R
O	R	T	S	A	R	A	S	E	S	P	R	A	U	S	O	P
A	C	H	A	N	E	G	A	P	A	P	E	P	F	T	M	A
U	F	H	T	A	M	I	N	O	P	E	R	A	Ü	Ö	R	T
F	A	N	I	M	A	P	Ä	N	G	T	D	P	R	I	E	M
T	O	B	R	E	V	H	C	E	R	P	S	U	P	S	I	K
T	H	C	A	N	R	E	D	N	I	G	I	N	Ö	K	A	N

Die übrig gebliebenen Buchstaben ergeben den Lösungssatz!

__ ___ ________ ________,

_____ ___ ______ __!

RÄTSEL MUSIK
40 Rätsel SEKUNDARSTUFE – Bestell-Nr. 12 352
KOHL VERLAG Lernen mit Erfolg

18 Lösung

Die Zauberflöte

ZAUBERFLÖTE / SARASTRO / TAMINO / KÖNIGINDERNACHT / PAMINA / PAPAGENO / PAPAGENA / MONOSTRATOS / GLOCKENSPIEL / PALAST / SPRECHVERBOT / PRÜFUNGEN / VOGELFÄNGER / PRINZ / MOZART / OPER

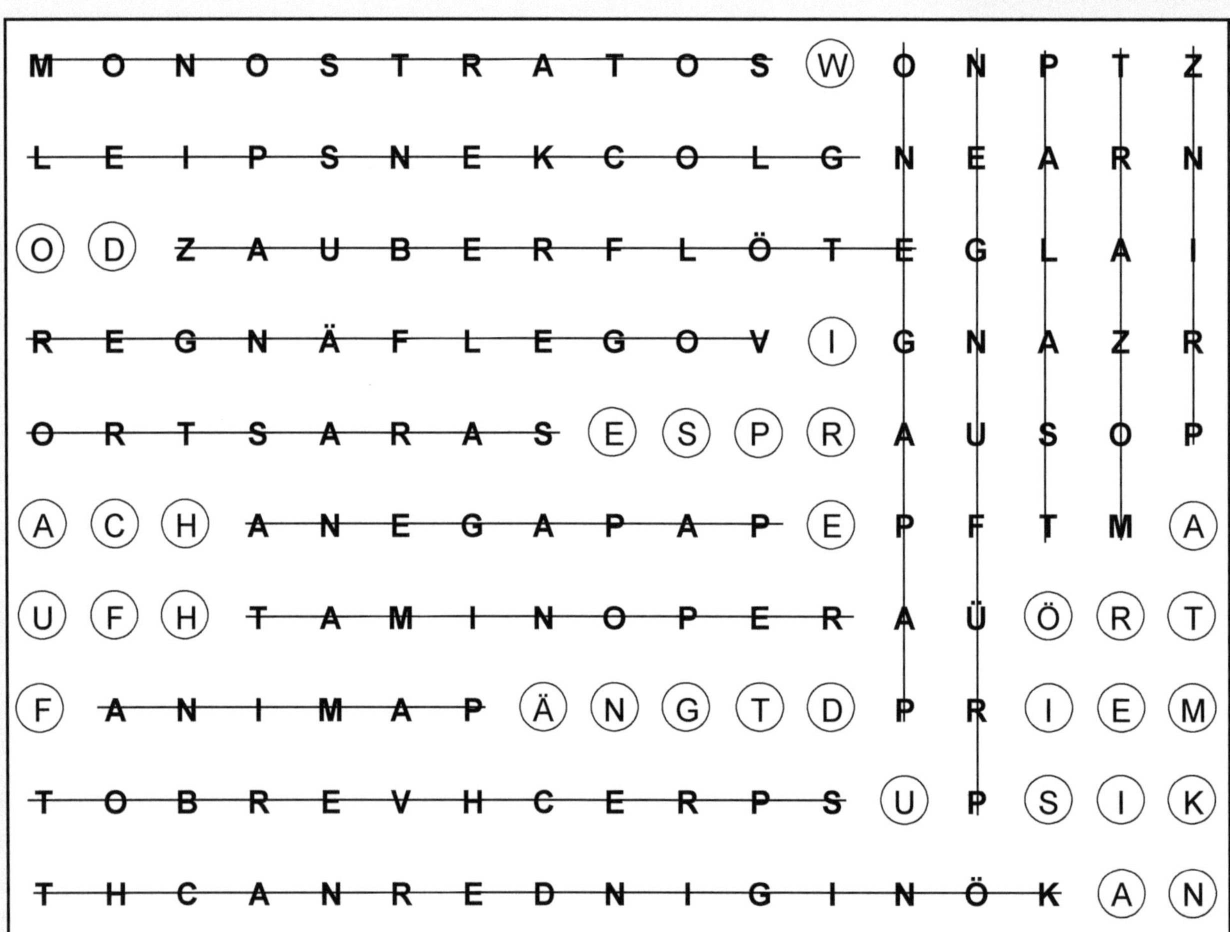

Der Lösungssatz:

WO DIE SPRACHE AUFHÖRT, FÄNGT DIE MUSIK AN!

19

Name:	Datum:

Das Orchester

Wie gut kennst du dich bei diesem Thema aus?
Kreuze an und finde so das Lösungswort heraus, das du von unten nach oben lesen musst!

Musikstücke für alle im Orchester vorkommenden Instrumente nennt man ...	L	Synapsen	N	Sinfonien	F	Synchronisation
Wird ein Solist von einem Orchester begleitet heißt das ...	O	Konzept	I	Kompakt	E	Konzert
In einem Orchester spielen in der Regel ...	M	10 – 12 Musiker	B	60 – 120 Musiker	F	über 300 Musiker
Der Leiter des Orchesters heißt ...	A	Dirigent	E	Dialekt	U	Dichter
Wenn mehrere Stimmen, die gleichzeitig spielen, untereinander in Notenschrift geschrieben sind, nennt man das ...	S	Paravent	B	Parabol	R	Partitur
Ein musikalisches Drama heißt ...	G	Oper	L	Oma	A	Omega
Um im Orchester für eine optimale Klangmischung zu garantieren, ist vorgeschrieben:	N	helle Kleidung	F	Alter	R	Sitzordnung
Das Wort Orchester bezeichnet einen halbrunden Platz vor der Bühne und kommt aus dem ...	E	Griechischen	A	Italienischen	I	Englischen
Das Jazzorchester bezeichnet man als ...	B	Great Group	T	Big Band	R	Magic Music
Um den Takt besser zeigen zu können, verwendet der Dirigent den ...	S	Taktstock	I	Rhythmusstab	T	Schlagstock
Die vier Instrumentengruppen im Orchester sind: Holzbläser, Blechbläser, Schlaginstrumente und ...	L	Trommler	E	Streicher	M	Sänger
Wenn das gesamte Orchester probt (was nicht immer der Fall ist), heißt das:	P	Komplettkonzert	H	Tuttiprobe	K	Gesamtauftritt
Eine kleine Orchestergruppe in der klassischen Musik heißt ...	C	Kammerorchester	S	Minimusiker	I	Piccolosinfoniker
Damit alle in der gleichen Tonhöhe spielen, gibt es vor dem Konzert das ...	U	Absprechen	O	Ausmachen	R	Einstimmen
Bekannte Orchester sind z. B. die Berliner ... oder Wiener ...	K	Würstchen	M	Phiodendrons	O	Philharmoniker

Was bedeutet das Lösungswort? ______________________________
(abgesenkter Bereich, Tondämpfung, Blick auf die Bühne frei)

RÄTSEL MUSIK
40 Rätsel SEKUNDARSTUFE – Bestell-Nr. 12 352

19 Lösung

Das Orchester

Musikstücke für alle im Orchester vorkommenden Instrumente nennt man ...	L	Synapsen	N	**Sinfonien**	F	Synchronisation
Wird ein Solist von einem Orchester begleitet heißt das ...	O	Konzept	I	Kompakt	E	**Konzert**
In einem Orchester spielen in der Regel ...	M	10 – 12 Musiker	B	**60 – 120 Musiker**	F	über 300 Musiker
Der Leiter des Orchesters heißt ...	A	**Dirigent**	E	Dialekt	U	Dichter
Wenn mehrere Stimmen, die gleichzeitig spielen, untereinander in Notenschrift geschrieben sind, nennt man das ...	S	Paravent	B	Parabol	R	**Partitur**
Ein musikalisches Drama heißt ...	G	**Oper**	L	Oma	A	Omega
Um im Orchester für eine optimale Klangmischung zu garantieren, ist vorgeschrieben:	N	helle Kleidung	F	Alter	R	**Sitzordnung**
Das Wort Orchester bezeichnet einen halbrunden Platz vor der Bühne und kommt aus dem ...	E	**Griechischen**	A	Italienischen	I	Englischen
Das Jazzorchester bezeichnet man als ...	B	Great Group	T	**Big Band**	R	Magic Music
Um den Takt besser zeigen zu können, verwendet der Dirigent den ...	S	**Taktstock**	I	Rhythmusstab	T	Schlagstock
Die vier Instrumentengruppen im Orchester sind: Holzbläser, Blechbläser, Schlaginstrumente und ...	L	Trommler	E	**Streicher**	M	Sänger
Wenn das gesamte Orchester probt (was nicht immer der Fall ist), heißt das:	P	Komplett-konzert	H	**Tuttiprobe**	K	Gesamtauftritt
Eine kleine Orchestergruppe in der klassischen Musik heißt ...	C	**Kammer-orchester**	S	Minimusiker	I	Piccolo-sinfoniker
Damit alle in der gleichen Tonhöhe spielen, gibt es vor dem Konzert das ...	U	Absprechen	O	Ausmachen	R	**Einstimmen**
Bekannte Orchester sind z. B. die Berliner ... oder Wiener ...	K	Würstchen	M	Phiodendrons	O	**Philharmoni-ker**

Lösungswort: **ORCHESTERGRABEN**

Name: Datum:

The Beatles

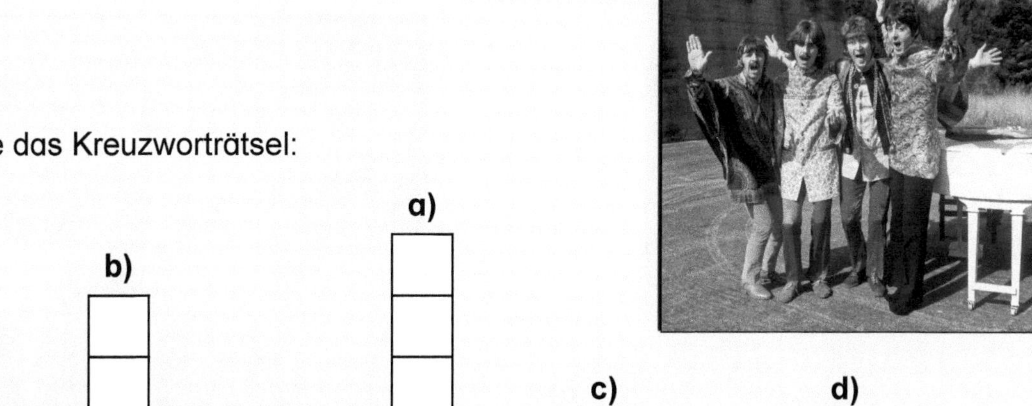

Löse das Kreuzworträtsel:

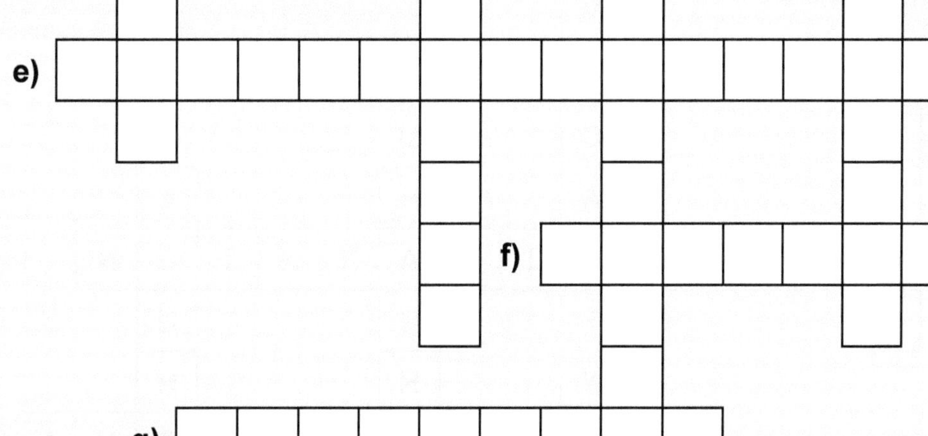

Waagerecht:

e) Woher stammen die Beatles?

f) Die Frisur der Beatles nannte man ...

g) Yellow ... (Lied und Zeichentrickfim)

Senkrecht:

a) Paul ...

b) Ringo ...

c) George ...

d) John ...

Die Rockband gehört mit bisher ca. 1,3 Milliarden verkauften Tonträgern zu den kommerziell erfolgreichsten Bands des 20. Jahrhunderts.
Die Beatles hatten mehr Nr. 1-Singles als alle anderen Gruppen oder Sänger.

RÄTSEL MUSIK
40 Rätsel SEKUNDARSTUFE – Bestell-Nr. 12 352
KOHL VERLAG

The Beatles

							a)									
		b)					M									
		S					C									
		T					C			c)				d)		
		A					A			H				L		
e)	G	R	O	S	S	B	R	I	T	A	N	N	I	E	N	
		R					T			R				N		
							N			R				N		
							E	f)	P	I	L	Z	K	O	P	F
							Y			S				N		
										O						
		g)	S	U	B	M	A	R	I	N	E					

Waagerecht:

e) Woher stammen die Beatles?

f) Die Frisur der Beatles nannte man ...

g) Yellow ... (Lied und Zeichentrickfim)

Senkrecht:

a) Paul ...

b) Ringo ...

c) George ...

d) John ...

21

Name:	Datum:

Rund um den Jazz

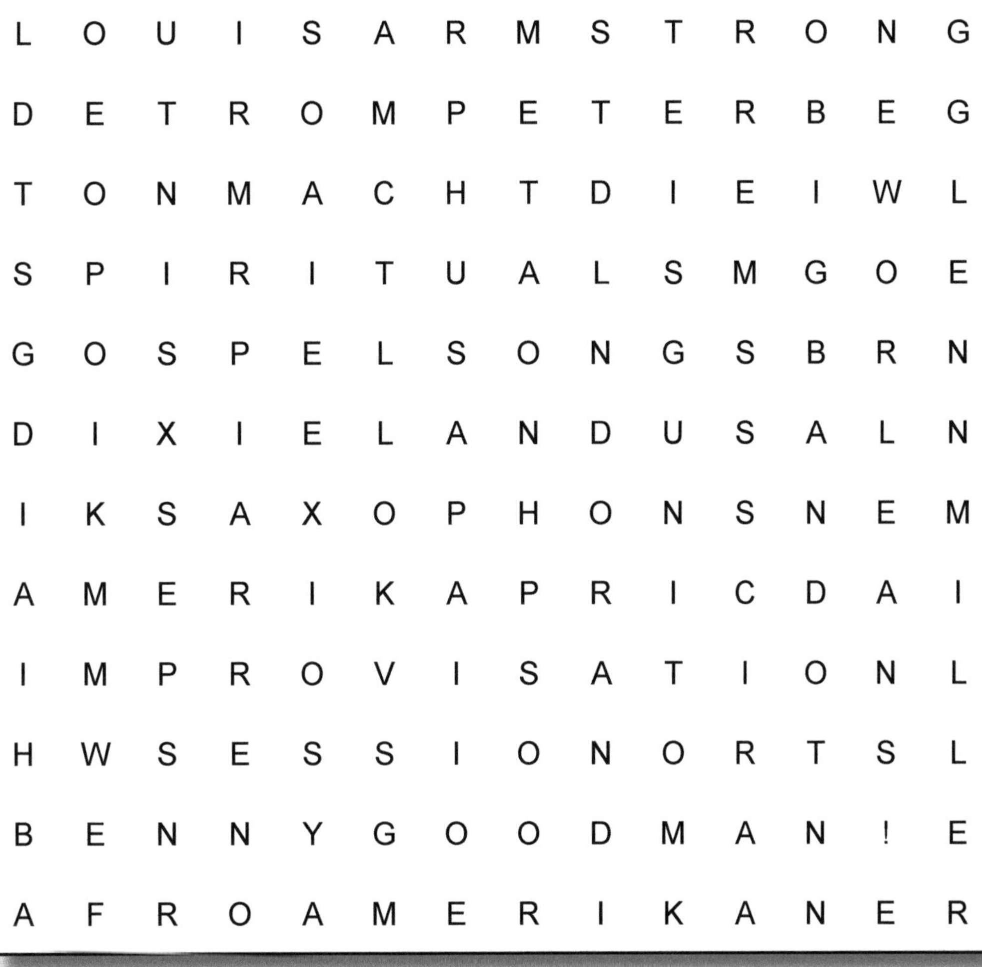

L	O	U	I	S	A	R	M	S	T	R	O	N	G
D	E	T	R	O	M	P	E	T	E	R	B	E	G
T	O	N	M	A	C	H	T	D	I	E	I	W	L
S	P	I	R	I	T	U	A	L	S	M	G	O	E
G	O	S	P	E	L	S	O	N	G	S	B	R	N
D	I	X	I	E	L	A	N	D	U	S	A	L	N
I	K	S	A	X	O	P	H	O	N	S	N	E	M
A	M	E	R	I	K	A	P	R	I	C	D	A	I
I	M	P	R	O	V	I	S	A	T	I	O	N	L
H	W	S	E	S	S	I	O	N	O	R	T	S	L
B	E	N	N	Y	G	O	O	D	M	A	N	!	E
A	F	R	O	A	M	E	R	I	K	A	N	E	R

___ ___ ______ ___ ______ -

____

Suche alle 14 Begriffe. Die übrig gebliebenen Buchstaben ergeben die Lösung!

Schau im Internet / Wörterbuch nach, was die Begriffe zu bedeuten haben!

RÄTSEL MUSIK – 40 Rätsel SEKUNDARSTUFE – Bestell-Nr. 12 352
KOHL VERLAG

21 Lösung

Rund um den Jazz

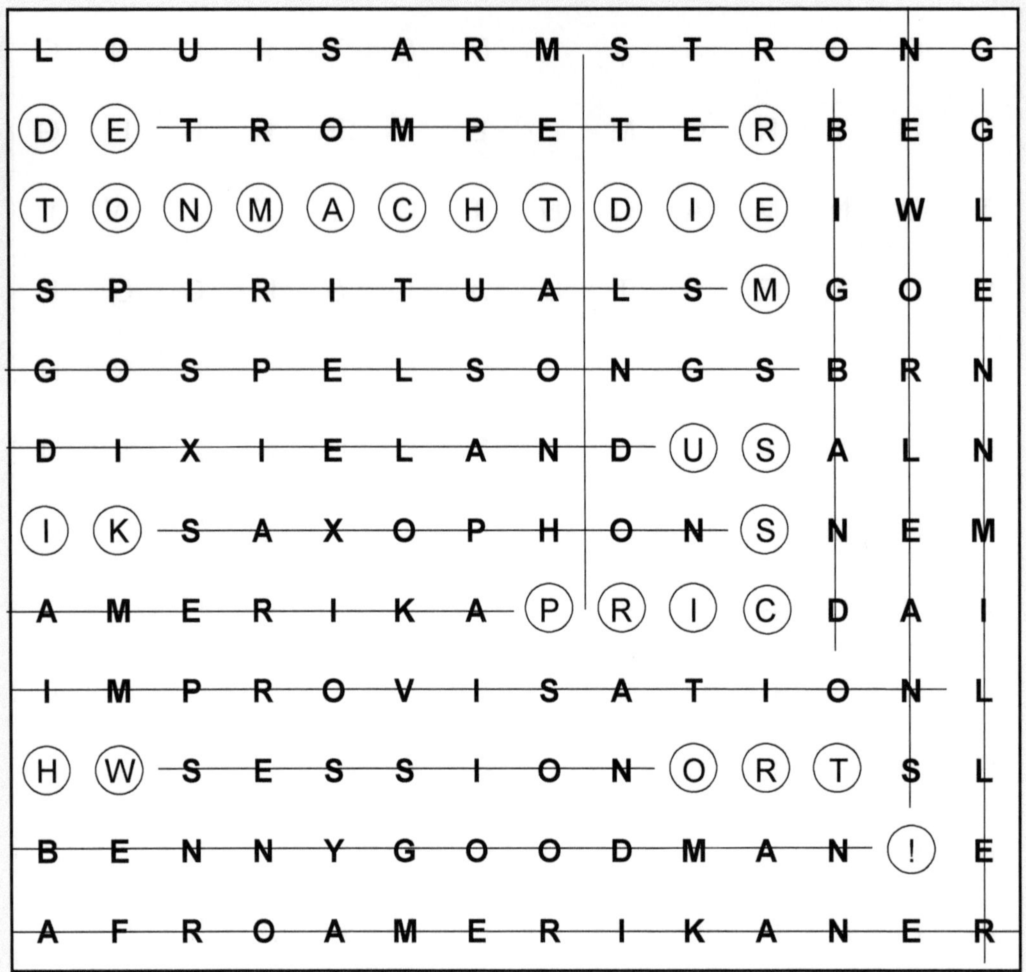

L	O	U	I	S	A	R	M	S	T	R	O	N	G
D	E	T	R	O	M	P	E	T	E	R	B	E	G
T	O	N	M	A	C	H	T	D	I	E	I	W	L
S	P	I	R	I	T	U	A	L	S	M	G	O	E
G	O	S	P	E	L	S	O	N	G	S	B	R	N
D	I	X	I	E	L	A	N	D	U	S	A	L	N
I	K	S	A	X	O	P	H	O	N	S	N	E	M
A	M	E	R	I	K	A	P	R	I	C	D	A	I
I	M	P	R	O	V	I	S	A	T	I	O	N	L
H	W	S	E	S	S	I	O	N	O	R	T	S	L
B	E	N	N	Y	G	O	O	D	M	A	N	!	E
A	F	R	O	A	M	E	R	I	K	A	N	E	R

DER TON MACHT DIE MUSIK – SPRICHWORT !

Louis Armstrong	Improvisation
Trompete	Session
Spirituals	Benny Goodman
Gospelsongs	Afroamerikaner
Dixieland	Bigband
Saxophon	New Orleans
Amerika	Glenn Miller

Schau im Internet / Wörterbuch nach, was die Begriffe zu bedeuten haben!

22

Name:	Datum:

Rap und Hip-Hop

Wie gut kennst du dich bei diesem Thema aus?
Kreuze an und finde so das Lösungswort heraus!

Rap bezeichnet rhythmisches ...	R	Sprechen	S	Zeichnen	T	Putzen
Die Musik, zu der die Sänger rappen, nennt man ...	L	Jazz	H	Hip-Hop	A	Bum-Bum
Bei dem rhythmischen Sprechen zur Musik gibt es kaum ...	B	Artikel	T	Sprechpausen	M	Bassklänge
Das typische Kratzen mit der Plattennadel heißt ...	I	Crying	W	Screaming	H	Scatching
Entstanden ist der rhythmische Sprechgesang vermutlich in ...	N	China	M	Jamaika	O	Australien
Die ersten, die Sprüche zum Tagesthema zur Musik reimten, waren ...	A	Discjockeys	I	Schulsprecher	E	Tierärzte
Später verbreitete sich das Rappen in New York, vor allem in den ...	L	Hotels	N	Slums	R	Schwimmbädern
„to rap“ bedeutet übersetzt so viel wie ...	S	in die Hände klatschen	H	mit dem Kopf wackeln	D	Sprüche klopfen
Ein artistischer Tanzstil, der auch zum Hip-Hop zählt, heißt ...	T	Jumpball	P	Breakdance	B	Spacehop
In den 90ern boomte der Gangsta-Rap, berühmt wurde z.B. ...	O	Coolio	I	Slum Jim	E	Ghetto Ghost
Eine der ersten erfolgreichen deutschen Hip-Hop-Bands waren die ...	E	Fantastischen Vier	A	Bezaubernden Drei	U	Unglaublichen Fünf
Eine bekannte Frauen-Rap-Gruppe waren ...	P	Bronx Girls	T	Tic Tac Toe	S	Rap Roses
Ein bekannter amerikanischer Rapper und Produzent ist ...	L	Indigo	M	Ambadar	R	Eminem

Lösung: (_) _ Y _ _ _ (_) _ _ (_) _ _ _ _ _ Y

RÄTSEL MUSIK 40 Rätsel SEKUNDARSTUFE – Bestell-Nr. 12 352
KOHL VERLAG

22 Lösung

Rap und Hip-Hop

Rap bezeichnet rhythmisches ...	R	**Sprechen**	S	Zeichnen	T	Putzen
Die Musik, zu der die Sänger rappen, nennt man ...	L	Jazz	H	**Hip-Hop**	A	Bum-Bum
Bei dem rhythmischen Sprechen zur Musik gibt es kaum ...	B	Artikel	T	**Sprechpausen**	M	Bassklänge
Das typische Kratzen mit der Plattennadel heißt ...	I	Crying	W	Screaming	H	**Scatching**
Entstanden ist der rhythmische Sprechgesang vermutlich in ...	N	China	M	**Jamaika**	O	Australien
Die ersten, die Sprüche zum Tagesthema zur Musik reimten, waren ...	A	**Discjockeys**	I	Schulsprecher	E	Tierärzte
Später verbreitete sich das Rappen in New York, vor allem in den ...	L	Hotels	N	**Slums**	R	Schwimmbädern
„to rap" bedeutet übersetzt so viel wie ...	S	in die Hände klatschen	H	mit dem Kopf wackeln	D	**Sprüche klopfen**
Ein artistischer Tanzstil, der auch zum Hip-Hop zählt, heißt ...	T	Jumpball	P	**Breakdance**	B	Spacehop
In den 90ern boomte der Gangsta-Rap, berühmt wurde z.B. ...	O	**Coolio**	I	Slum Jim	E	Ghetto Ghost
Eine der ersten erfolgreichen deutschen Hip-Hop-Bands waren die ...	E	**Fantastischen Vier**	A	Bezaubernden Drei	U	Unglaublichen Fünf
Eine bekannte Frauen-Rap-Gruppe waren ...	P	Bronx Girls	T	**Tic Tac Toe**	S	Rap Roses
Ein bekannter amerikanischer Rapper und Produzent ist ...	L	Indigo	M	Ambadar	R	**Eminem**

Lösung: **R**HYTHM **A**ND **P**OETRY

23 | Name: | Datum:

Komponisten-Toto

Du hast sicher schon von bekannten Komponisten gehört. Mal sehen, wie gut du dich bei diesem Thema auskennst: Kreuze an und du erhältst die Lösung zum Witz unten!

Ein Komponist ist ein ... eines musikalischen Werkes.	E	Urheber	T	Interpret	L	Verkäufer
Den Leiter des Chors oder Orchesters, der nach den Vorstellungen des Komponisten arbeitet, nennt man ...	O	Dozent	I	Dirigent	E	Deliquent
Einkünfte von Komponisten bezeichnet man als ...	I	Taranteln	S	Taschengeld	N	Tantiemen
Der Erfinder eines Musikstückes in der Popmusik wird genannt:	E	Songwriter	A	Popstar	U	Idol
Die Gesamtheit aller Noten einer Komposition heißt:	T	Pravent	R	Parallele	S	Partitur
Innerhalb einer Komposition allein auftretender Musiker ...	H	Solist	L	Soldat	M	Unikat
Das volle Orchester – alle, einer Komposition ...	S	inferno	I	generale	L	tutti
Abstufung verschiedener Tonstärken (laut und leise) ...	G	Temperament	A	Dynamik	E	Harmonie
Ein Komponist, der sich alles selbst beibringt ...	F	Autodidakt	L	Eremit	O	Solokünstler
Im Gegensatz zum Komponisten ist der Interpret nur der ...	E	Darbieter des Stückes	I	Überprüfer der Noten	F	Sammler alter Stücke
Zeitmaß, das angibt, wie schnell das Stück zu spielen ist ...	F	Temperatur	B	Tempo	S	Tastatur
Verteilung der Stimmen auf einzelne Instrumente ...	E	Interpretierung	I	Instrumentierung	M	Irritierung

Witz!
Ein berühmter Komponist wird zu seinem neuesten Werk interviewt.
„An diesem wunderschönen Wiegenlied habe ich über drei Jahre komponiert!“, sagt er.
„Warum so lange?“, fragt der Reporter. „Na, weil ich immer wieder ...

_ _ _ G _ _ C _ _ _ _ _ _ N _ _ N!“

RÄTSEL MUSIK
40 Rätsel SEKUNDARSTUFE – Bestell-Nr. 12 352
KOHL VERLAG Lernen mit Erfolg

23 Lösung

Komponisten-Toto

Ein Komponist ist ein ... eines musikalischen Werkes.	E	**Urheber**	T	Interpret	L	Verkäufer
Den Leiter des Chors oder Orchesters, der nach den Vorstellungen des Komponisten arbeitet, nennt man ...	O	Dozent	I	**Dirigent**	E	Deliquent
Einkünfte von Komponisten bezeichnet man als ...	I	Taranteln	S	Taschengeld	N	**Tantiemen**
Der Erfinder eines Musikstückes in der Popmusik wird genannt:	E	**Songwriter**	A	Popstar	U	Idol
Die Gesamtheit aller Noten einer Komposition heißt:	T	Pravent	R	Parallele	S	**Partitur**
Innerhalb einer Komposition allein auftretender Musiker ...	H	**Solist**	L	Soldat	M	Unikat
Das volle Orchester – alle, einer Komposition ...	S	inferno	I	generale	L	**tutti**
Abstufung verschiedener Tonstärken (laut und leise) ...	G	Temperament	A	**Dynamik**	E	Harmonie
Ein Komponist, der sich alles selbst beibringt ...	F	**Autodidakt**	L	Eremit	O	Solokünstler
Im Gegensatz zum Komponisten ist der Interpret nur der ...	E	**Darbieter des Stückes**	I	Überprüfer der Noten	F	Sammler alter Stücke
Zeitmaß, das angibt, wie schnell das Stück zu spielen ist ...	F	Temperatur	B	**Tempo**	S	Tastatur
Verteilung der Stimmen auf einzelne Instrumente ...	E	Interpretierung	I	**Instrumentierung**	M	Irritierung

Witz!
Ein berühmter Komponist wird zu seinem neuesten Werk interviewt.
„An diesem wunderschönen Wiegenlied habe ich über drei Jahre komponiert!“, sagt er.
„Warum so lange?“, fragt der Reporter. „Na, weil ich immer wieder ...

EINGESCHLAFEN BIN!“

RÄTSEL MUSIK

24

Name:	Datum:

Komponisten und ihre Werke

Zu welchem berühmten Komponisten gehört das Werk?
Schneide die Puzzleteile unten aus und klebe sie auf das richtige Werk des Komponisten.

Die „Unvollendete“	Die Moldau	Wohltemperier-tes Klavier	Eine kleine Nachtmusik
Sinfonie mit dem Paukenschlag	Wassermusik	Der Nussknacker	Peter und der Wolf
Dichterliebe	Karneval der Tiere	Fidelio	Die vier Jahreszeiten
Die Fledermaus	Der Feuervogel	Land des Lächelns	Der Freischütz

Ludwig van Beethoven	**Robert Schumann**	**Johann Strauss**	**Johann Sebastian Bach**
Georg Friedrich Händel	**Wolfgang Amadeus Mozart**	**Sergej Prokofjew**	**Camille Saint-Saëns**
Antonio Vivaldi	**Carl Maria von Weber**	**Friedrich Smetana**	**Franz Lehár**
Peter Iljitsch Tschaikowski	**Franz Schubert**	**Igor Strawinsky**	**Joseph Haydn**

RÄTSEL MUSIK
40 Rätsel SEKUNDARSTUFE – Bestell-Nr. 12 352
KOHL VERLAG

24 Lösung

Komponisten und ihre Werke

Die „Unvollendete“	Die Moldau	Wohltemperier-tes Klavier	Eine kleine Nachtmusik
Sinfonie mit dem Paukenschlag	Wassermusik	Der Nussknacker	Peter und der Wolf
Dichterliebe	Karneval der Tiere	Fidelio	Die vier Jahreszeiten
Die Fledermaus	Der Feuervogel	Land des Lächelns	Der Freischütz

Franz Schubert	**Friedrich Smetana**	**Johann Sebastian Bach**	**Wolfgang Amadeus Mozart**
Joseph Haydn	**Georg Friedrich Händel**	**Peter Iljitsch Tschaikowski**	**Sergej Prokofjew**
Robert Schumann	**Camille Saint-Saëns**	**Ludwig van Beethoven**	**Antonio Vivaldi**
Johann Strauss	**Igor Strawinsky**	**Franz Lehár**	**Carl Maria von Weber**

25

Name: Datum:

Ludwig van Beethoven

Löse das Kreuzworträtsel:

Waagerecht:

- **e)** Beethovens einzige Oper
- **f)** Geburtsort Beethovens
- **g)** 3. Sinfonie Beethovens, zu Ehren Napoleons geschrieben
- **h)** Beethovens ehrzeiziger Vater war sehr beeindruckt von Mozart und wollte aus Ludwig ebenfalls ein ... machen.
- **i)** Beethovens Beruf
- **j)** Seine 6. Sinfonie
- **l)** Seine 5. Sinfonie, die er in einer schweren Lebensphase komponierte

Senkrecht:

- **a)** Dichter, von dem der Text zu „Freude schöner Götterfunken ...“ stammt
- **b)** Krankhaftes Ohrenleiden des Musikers
- **c)** „Ode an die Freude“ aus der 9. Sinfonie wurde 1972 offiziell zur ...
- **d)** Zeitepoche Beethovens
- **k)** Stadt, in die Beethoven reiste, um Musik zu studieren

Lösungswort: _ _ _ _ _ _ _ _ _ _ _ _
1 2 3 4 5 6 7 8 9 10 11 12

(bekanntestes Klavierwerk Beethovens)

RÄTSEL MUSIK
40 Rätsel SEKUNDARSTUFE – Bestell-Nr. 12 352

25 Lösung

Ludwig van Beethoven

Waagerecht:

e) Beethovens einzige Oper

f) Geburtsort Beethovens

g) 3. Sinfonie Beethovens, zu Ehren Napoleons geschrieben

h) Beethovens ehrzeiziger Vater war sehr beeindruckt von Mozart und wollte aus Ludwig ebenfalls ein ... machen.

i) Beethovens Beruf

j) Seine 6. Sinfonie

l) Seine 5. Sinfonie, die er in einer schweren Lebensphase komponierte

Senkrecht:

a) Dichter, von dem der Text zu „Freude schöner Götterfunken ..." stammt

b) Krankhaftes Ohrenleiden des Musikers

c) „Ode an die Freude" aus der 9. Sinfonie wurde 1972 offiziell zur ...

d) Zeitepoche Beethovens

k) Stadt, in die Beethoven reiste, um Musik zu studieren

Lösungswort: **APPASSIONATA**
(bekanntestes Klavierwerk Beethovens)

26

Name: | Datum:

Ode an die Freude

Musik: Ludwig van Bethoven (aus der letzten vollendeten Sinfonie – der 9.)
Text: Friedrich Schiller (1972 offiziell zur Europahymne gewählt)

Setze das Puzzle richtig zusammen und du kannst den Text komplett lesen!

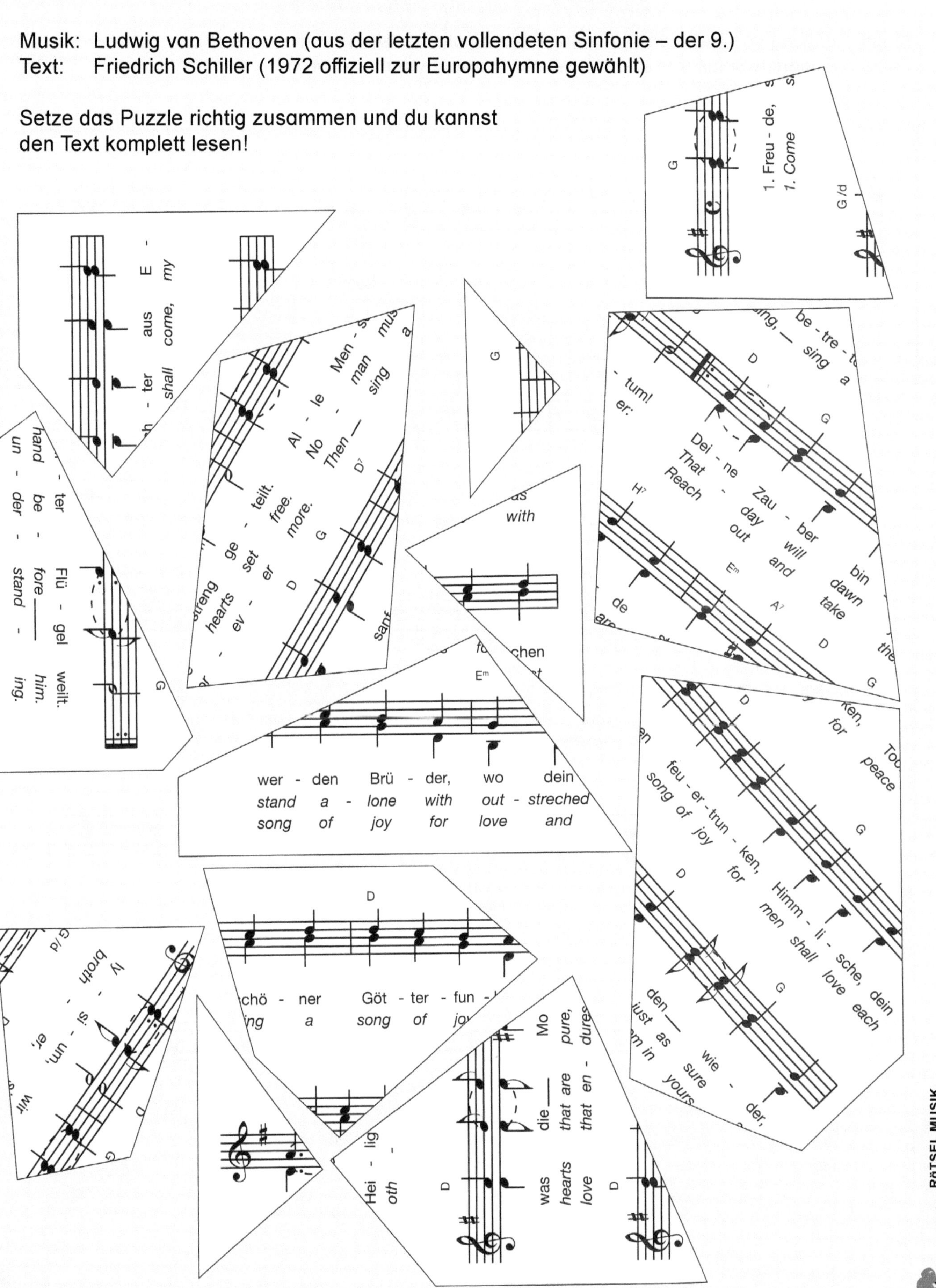

RÄTSEL MUSIK
40 Rätsel SEKUNDARSTUFE – Bestell-Nr. 12 352
KOHL VERLAG

26 Lösung

Ode an die Freude

Musik: Ludwig van Bethoven (aus der letzten vollendeten Sinfonie – der 9.)
Text: Friedrich Schiller (1972 offiziell zur Europahymne gewählt)

27

Name: | Datum:

Wie gut kennst du Mozart?

Löse das Kreuzworträtsel:

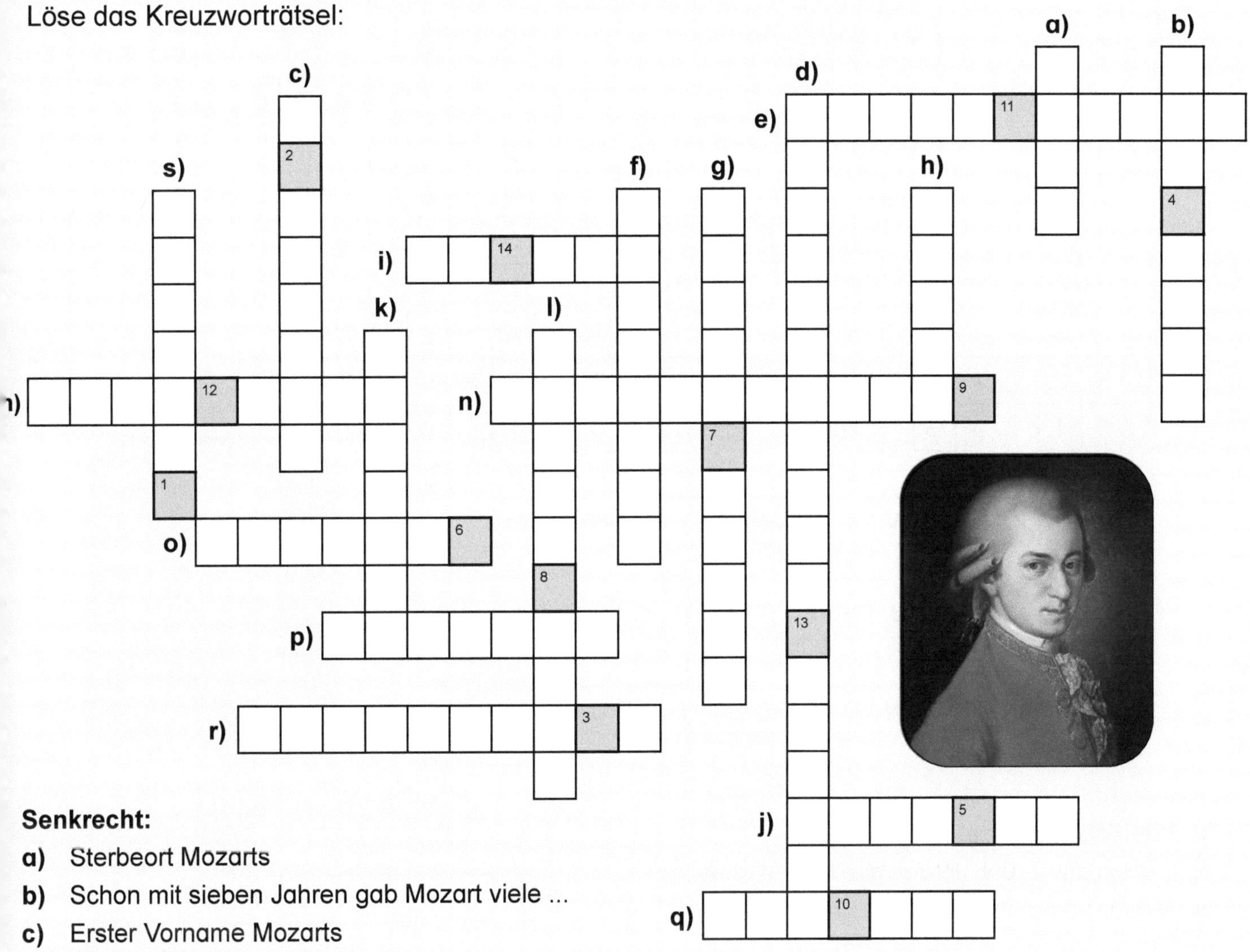

Senkrecht:

a) Sterbeort Mozarts

b) Schon mit sieben Jahren gab Mozart viele ...

c) Erster Vorname Mozarts

d) Sammlung der Werke Mozarts

f) Geburtsort Mozarts

g) Süße Schleckerei, die heute noch an ihn erinnert

h) Auf seiner Reise wurde er in Rom sogar vom ... empfangen.

j) Spitzname der Schwester

k) Sein letztes Werk, das nicht mehr vollendet wird, Totenmesse

l) Bekanntes Werk: „Eine kleine ..."

q) Beruf des Vaters

Waagerecht:

e) Mit fünf Jahren schrieb er seine erste ...

i) Mit sieben Jahren begann seine 3,5 Jahre lange Reise durch ...

m) Vorname seiner Frau

n) Bekannteste Mozart-Oper weltweit

o) Instrument, das er schon als kleines Kind spielte

p) Zweiter Vorname Mozarts

r) „Titel", den der junge Mozart zugeschrieben bekam

s) Zeitepoche Mozarts

Lösungswort:

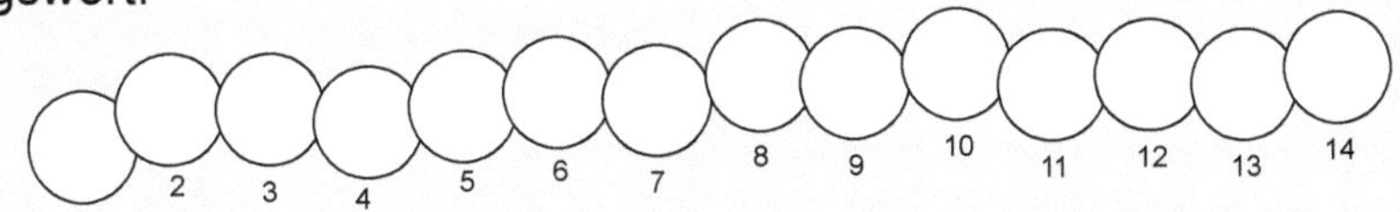

RÄTSEL MUSIK
40 Rätsel SEKUNDARSTUFE – Bestell-Nr. 12 352
KOHL VERLAG

27 Lösung

Wie gut kennst du Mozart?

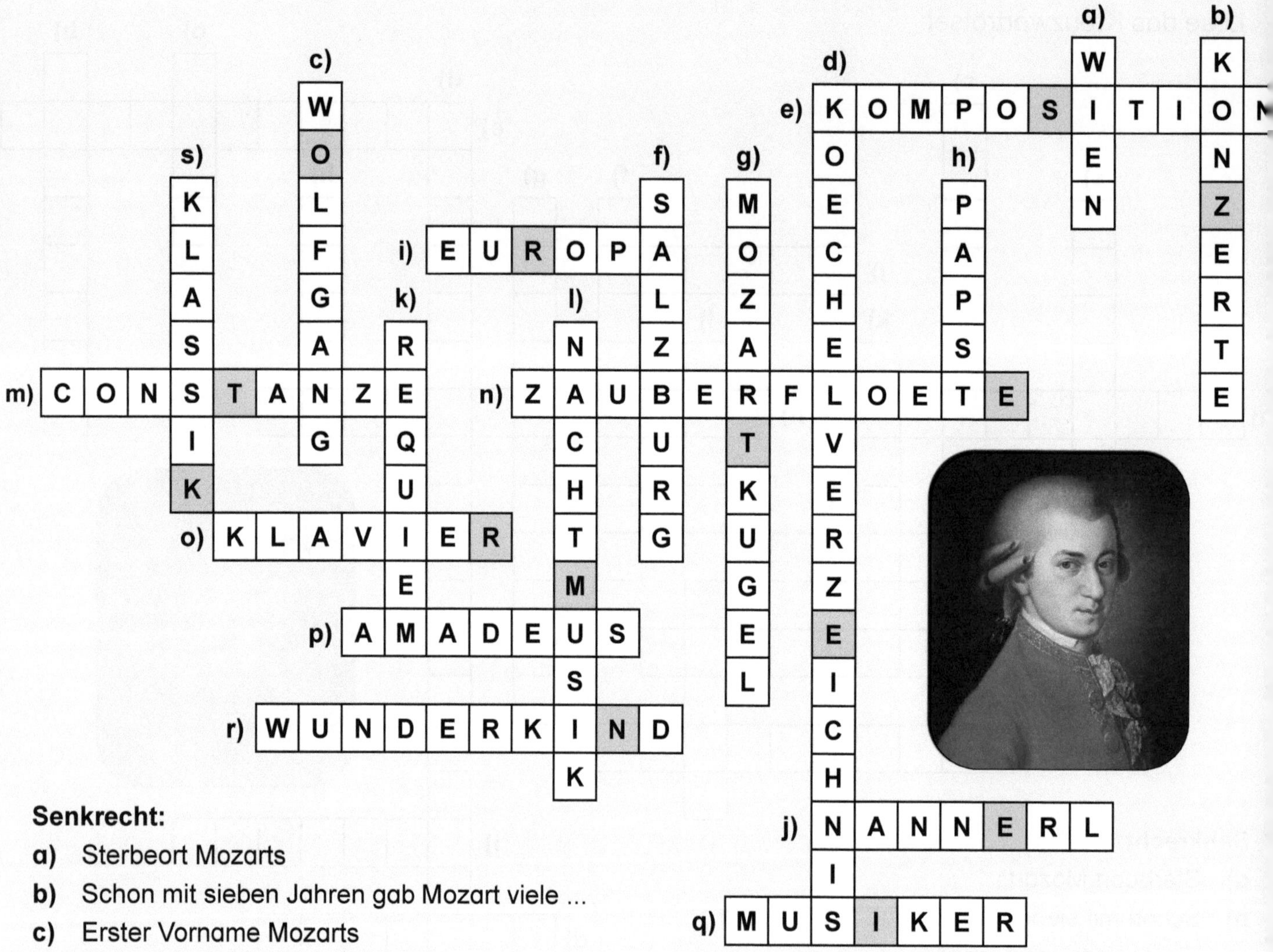

a) WIEN
b) KONZERTE
c) WOLFGANG
d) KOECHELVERZEICHNIS
e) KOMPOSITION
f) SALZBURG
g) MOZARTKUGEL
h) PAPST
i) EUROPA
j) NANNERL
k) REQUIEM
l) NACHTMUSIK
m) CONSTANZE
n) ZAUBERFLOETE
o) KLAVIER
p) AMADEUS
q) MUSIKER
r) WUNDERKIND
s) KLASSIK

Senkrecht:

a) Sterbeort Mozarts
b) Schon mit sieben Jahren gab Mozart viele ...
c) Erster Vorname Mozarts
d) Sammlung der Werke Mozarts
f) Geburtsort Mozarts
g) Süße Schleckerei, die heute noch an ihn erinnert
h) Auf seiner Reise wurde er in Rom sogar vom ... empfangen.
j) Spitzname der Schwester
k) Sein letztes Werk, das nicht mehr vollendet wird, Totenmesse
l) Bekanntes Werk: „Eine kleine ..."
q) Beruf des Vaters

Waagerecht:

e) Mit fünf Jahren schrieb er seine erste ...
i) Mit sieben Jahren begann seine 3,5 Jahre lange Reise durch ...
m) Vorname seiner Frau
n) Bekannteste Mozart-Oper weltweit
o) Instrument, das er schon als kleines Kind spielte
p) Zweiter Vorname Mozarts
r) „Titel", den der junge Mozart zugeschrieben bekam
s) Zeitepoche Mozarts

Lösungswort:

RÄTSEL MUSIK

28

Name:	Datum:

Musikgruppen

Manchmal spielen oder singen mehrere Musiker zusammen. Diese Gruppierungen haben Fachbegriffe. Finde sie heraus!

___ ___ ___	Zwei Musikinstrumente (z.B. Flöten oder Violinen) spielen zusammen.
___ ___ ___ ___ ___	Zwei Sänger singen zusammen.
___ ___ ___ ___	Es besteht aus drei Musikern.
___ ___ ___ ___ ___ ___ ___ ___	So heißt nicht nur ein Kartenspiel, sondern auch vier zusammenspielende Musiker.
___ ___ ___ ___ ___ ___ ___ ___	Hier spielen fünf Musiker verschiedene Instrumente.
___ ___ ___ ___	So nennt man eine Gruppe von Sängern.
___ ___ ___ ___ ___ ___ ___ ___ ___ ___ ___	So nennt man eine größere Gruppe von Blasinstrumenten.
___ ___ ___ ___ ___ ___ ___ ___ ___ ___ ___ ___ ___ ___ ___ ___ ___	Große Gruppe an Instrumenten, bis zu 120 Musiker!

28 Lösung

Musikgruppen

DUO	Zwei Musikinstrumente (z.B. Flöten oder Violinen) spielen zusammen.
DUETT	Zwei Sänger singen zusammen.
TRIO	Es besteht aus drei Musikern.
QUARTETT	So heißt nicht nur ein Kartenspiel, sondern auch vier zusammen-spielende Musiker.
QUINTETT	Hier spielen fünf Musiker verschiedene Instrumente.
CHOR	So nennt man eine Gruppe von Sängern.
BLASKAPELLE	So nennt man eine größere Gruppe von Blasinstrumenten.
SINFONIEORCHESTER	Große Gruppe an Instrumenten, bis zu 120 Musiker!

28

Name: Datum:

Liedermacher

Löse das Kreuzworträtsel:

Liedermacher sind deutschsprachige Musiker, die Musik und Texte ihres Programms vorwiegend selber machen. Sicherlich kennst du einige von ihnen, der Vorname und der Anfangsbuchstabe des Nachnamens sind vorgegeben.

Senkrecht:

a) P – Joesi ...
b) W – Stefanie ...
c) M – Peter ...
d) C – Peter ...
h) L – Udo ...
i) F – Reinhard ...
k) S – Hans ...
o) R – Matthias ...

Waagerecht:

e) W – Konstantin ...
f) D – Georg ...
g) A – Wolfgang ...
j) S – Gert ...
l) H – Ludwig ...
m) B – Maria ...
n) J – Udo ...
p) M – Reinhard ...
q) H – Hubert von ...

RÄTSEL MUSIK
40 Rätsel SEKUNDARSTUFE – Bestell-Nr. 12 352
KOHL VERLAG

29 Lösung

Liedermacher

Senkrecht:

a) P – Joesi Prokopetz
b) W – Stefanie Werger
c) M – Peter Maffay
d) C – Peter Cornelius
h) L – Udo Lindenberg
i) F – Reinhard Fendrich
k) S – Hans Söllner
o) R – Matthias Reim

Waagerecht:

e) W – Konstantin Wecker
f) D – Georg Danzer
g) A – Wolfgang Ambros
j) S – Gert Steinbäcker
l) H – Ludwig Hirsch
m) B – Maria Bill
n) J – Udo Jürgens
p) M – Reinhard Mey
q) H – Hubert von Goisern

30

Name:	Datum:

Im Tonstudio

Um ein Musikstück auf einen Tonträger (z.B. CD) zu bringen, muss es im Tonstudio aufgenommen und bearbeitet werden. Was dazu alles nötig ist, erfährst du im folgenden Rätsel:

P_ _ _ _ _ _ _ _ _ →+2 →-3 →-11 →+17 →+5 →-21 →+9 →+6	Er organisiert die Tonaufnahme und wird auch Aufnahmeleiter genannt.
_ _ _ _ _ _ _ _ →-7 →-4 →+2 →+7 →-3 →-9 →+9 →-1	Es verwandelt Schall in elektrische Impulse.
_ _ _ _ _ _ _ _ →-10 →+1 →+8 →+2 →-13 →-1 →+13 →-10	Einfache Aufnahme einer Band zu Werbezwecken.
_ _ C _ _ _ _ _ _ →+14 →-13 →-2 →+12 →+3 →-14 →+5 →+5 →-7	So nennt man die Aufnahme-sitzung im Tonstudio.
_ _ _ _ _ P _ _ _ →+6 →-4 →+10 →-16 →+5 →+8 →+5 →-9 →+8	Es dient dem Zusammen-mischen unterschiedlicher Tonspuren.
_ _ _ _ _ →+o →+1 →-7 →-9 →+13	Empfangsteil für Rundfunk in einer HiFi-Anlage.
_ _ _ _ _ _ _ _ →+0 →-13 →-2 →+2 →+4 →+13 →-17 →+13	Empfangsteil und Verstärker in einem Gehäuse.
_ _ _ _ _ _ _ _ _ _ _ C →-15 →+12 →-2 →+3 →-15 →+2 →+17 →-16 →+5 →+10 →-16	Kurz: CD, enthält die digitalen Daten der Tonaufnahme.

Die Pfeile geben an, wie viele Buchstaben im Alphabet du nach vorne (+) oder zurückhüpfen (–) musst!

A B C D E F G H I J K L M N O P Q R S T U V W X Y Z

RÄTSEL MUSIK
40 Rätsel SEKUNDARSTUFE – Bestell-Nr. 12 352
KOHL VERLAG

30 Lösung

Im Tonstudio

P R O D U Z E N T →+2 →-3 →-11 →+17 →+5 →-21 →+9 →+6	Er organisiert die Tonaufnahme und wird auch Aufnahmeleiter genannt.
M I K R O F O N →-7 →-4 →+2 →+7 →-3 →-9 →+9 →-1	Es verwandelt Schall in elektrische Impulse.
D E M O B A N D →-10 →+1 →+8 →+2 →-13 →-1 →+13 →-10	Einfache Aufnahme einer Band zu Werbezwecken.
R E C O R D I N G →+14 →-13 →-2 →+12 →+3 →-14 →+5 →+5 →-7	So nennt man die Aufnahme-sitzung im Tonstudio.
M I S C H P U L T →+6 →-4 →+10 →-16 →+5 →+8 →+5 →-9 →+8	Es dient dem Zusammen-mischen unterschiedlicher Tonspuren.
T U N E R →+o →+1 →-7 →-9 →+13	Empfangsteil für Rundfunk in einer HiFi-Anlage.
R E C E I V E R →+0 →-13 →-2 →+2 →+4 →+13 →-17 →+13	Empfangsteil und Verstärker in einem Gehäuse.
C O M P A C T D I S C →-15 →+12 →-2 →+3 →-15 →+2 →+17 →-16 →+5 →+10 →-16	Kurz: CD, enthält die digitalen Daten der Tonaufnahme.

Die Pfeile geben an, wie viele Buchstaben im Alphabet du nach vorne (+) oder zurückhüpfen (–) musst!

A B C D E F G H I J K L M N O P Q R S T U V W X Y Z

31

Name:	Datum:

Tonträger

Lange Zeit war es nur ein Traum der Menschen, Klänge, Geräusche und Musik aufzuzeichnen und dann jederzeit wiedergeben zu können. 1877 konstruierte der Erfinder Thomas Alva Edison den ersten Apparat, der das konnte. Seit damals gibt es eine Vielzahl an Schallaufzeichnern und Tonträgern, die in Tonqualität und Speicherkapazität immer besser werden. Hier in chronologischer Reihenfolge:

Sie ist der erste Tonträger. Es gibt sie seit dem 18. Jahrhundert, wo sie bereits in Spieldosen eingesetzt wurde. *	G	* **Stiftwalze**
Er wurde von Thomas Alva Edison 1877 erfunden und bestand aus einer Wachswalze. *	H	* **Tonband**
Sie wurden ab 1883 in großen Mengen vor allem für Drehleiern billig produziert. *	A R	* **Papierrollen**
Sie ist die Vorläuferin der Langspielplatte, Emil Berliner erfand sie 1896 und mit ihr das Grammophon *	O	* **Schallplatten**
Ab ca. 1900 werden die schwarzen Schreiben mit analogem Tonmaterial serienmäßig produziert. *	M E M	* **Langspielplatte LP**
Er löst ab ca. 1922 den Stummfilm mit Orchesterbegleitung ab. *	R	* **Phonograph**
Es ist ein mit magnetischen Stoffen beschichtetes Kunststoffband, das ab 1928 Audiodaten speichern kann. *	B G L	* **Mini Disc MD**
1948 wurde die erste Schallplatte aus PVC hergestellt mit einer längeren Spieldauer. *	E	* **Schellackplatte**
[Kassetten-Symbol] erfunden 1963 *	I	* **Musikkassette MC**
Dieser optische Speicher wurde Anfang der 1980er-Jahre zur digitalen Speicherung eingeführt. *	N U	* **DVD**
Sie ist kleiner als eine CD und kam 1992 auf den Markt, sie hat den Vorteil, dass sie löschbar ist. *	S R	* **Compact Disc CD**
Sie ähnelt der CD, hat aber deutlich mehr Speicherkapazität. Es gibt sie seit 1997. *	S	* **Flash Speicher**
Das sind kleine digitale Speicherchips in Handys, MP3-Playern, Digitalkameras, ... *	T	* **Tonfilm**

Verbinde. Die Lösung ergibt sich aus den Buchstaben, die **nicht** von einer Verbindungslinie getroffen werden.

Lösung: ______________________________

RäTSEL MUSIK
40 Rätsel SEKUNDARSTUFE – Bestell-Nr. 12 352
KOHL VERLAG

31 Lösung

Tonträger

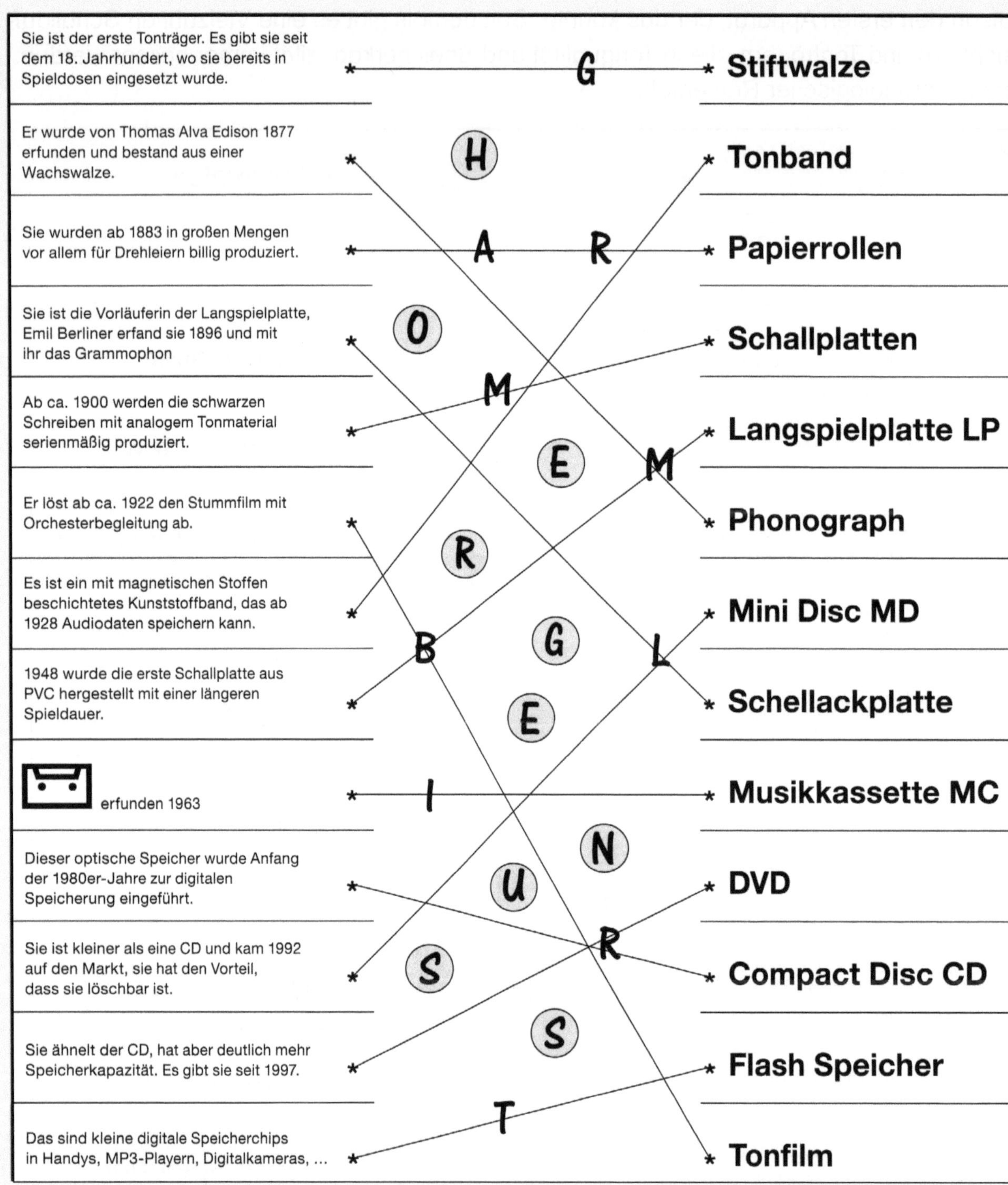

Lösung: **HOERGENUSS**

32

Name: Datum:

Instrumente-Rätsel

Z

I

Y Q

E A

N H K U

Start F

D C O

L G R B X

V M P

T W S

Wie heißen die unten dargestelten Musikinstrumente?
Verbinde oben die richtigen Buchstaben! Was kommt dabei heraus?

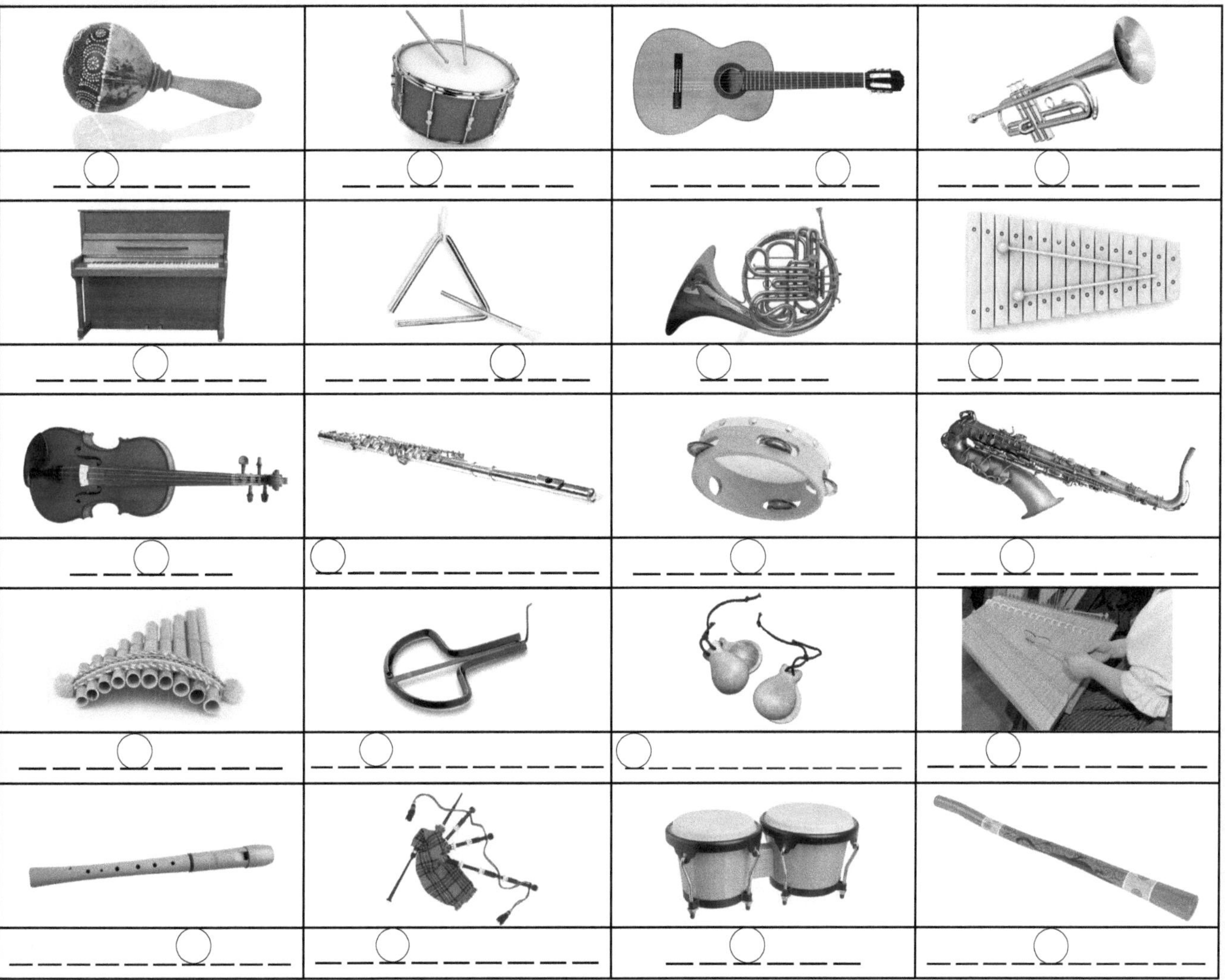

RÄTSEL MUSIK
40 Rätsel SEKUNDARSTUFE – Bestell-Nr. 12 352
KOHL VERLAG

32 Lösung

Instrumente-Rätsel

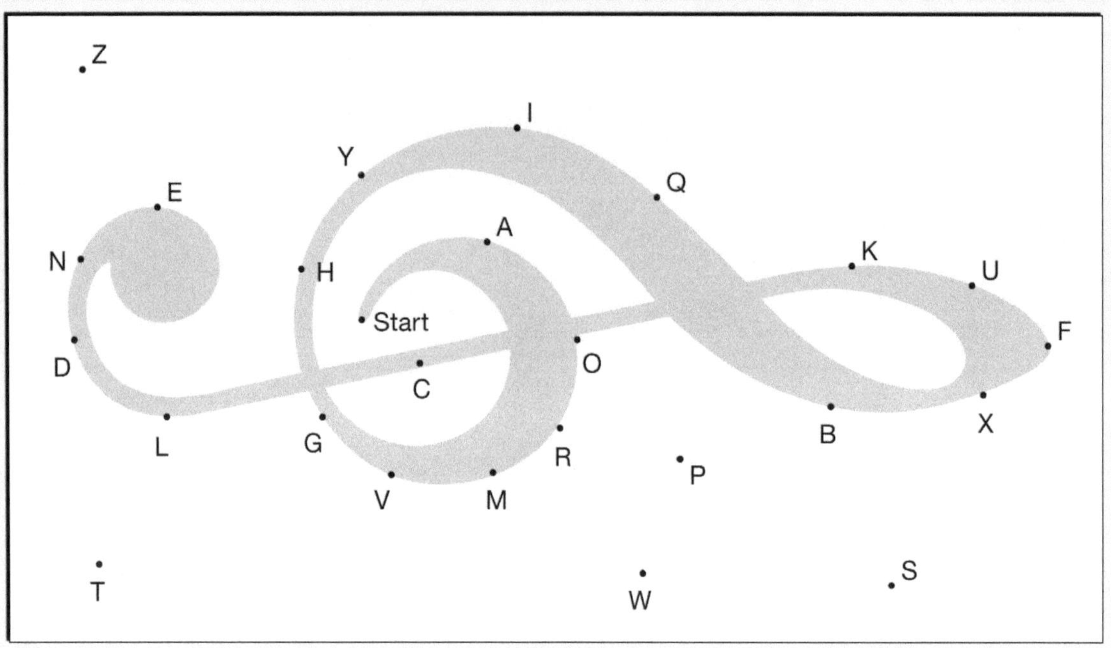

 R **A** SSEL	 TR **O** MMEL	 GITAR **R** E	 TRO **M** PETE
 KLA **V** IER	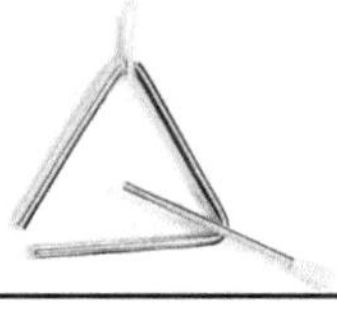 TRIAN **G** EL	 H **O** RN	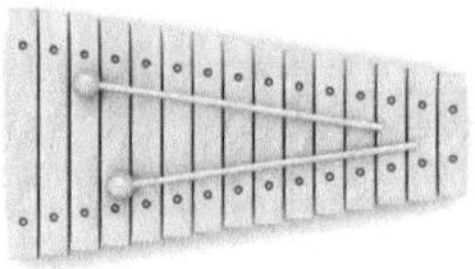 X **Y** LOPHON
 GE **I** GE	 **Q** UERFLÖTE	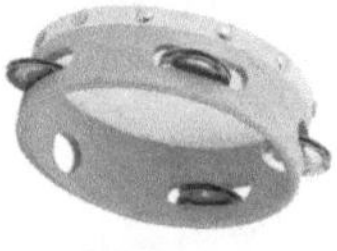 TAM **B** URIN	 SA **X** OPHON
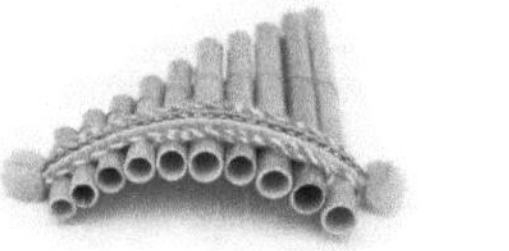 PAN **F** LÖTE	 MA **U** LTOMMEL	 **K** ASTAGNETTEN	 HA **C** KBRETT
 BLOCKF **L** ÖTE	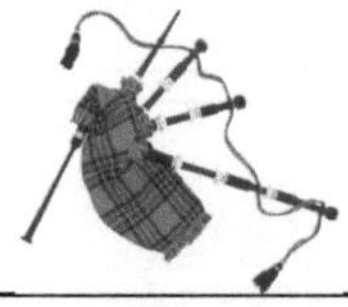 DU **D** ELSACK	 BO **N** GOS	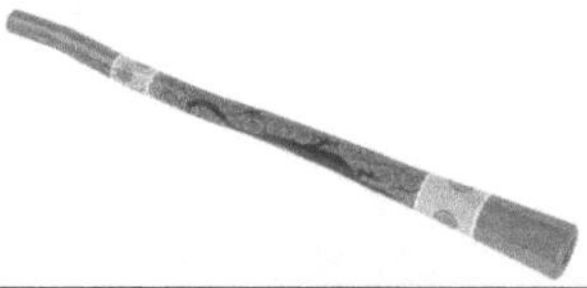 DIDG **E** RIDOO

33

Name:	Datum:

Schlaginstrumente

Sie sind wahrscheinlich die ältesten Instrumente, die es gibt. Sie werden durch Schlagen, Schütteln oder Ähnliches gespielt und dienen vor allem dazu, einen Rhythmus zu erzeugen.

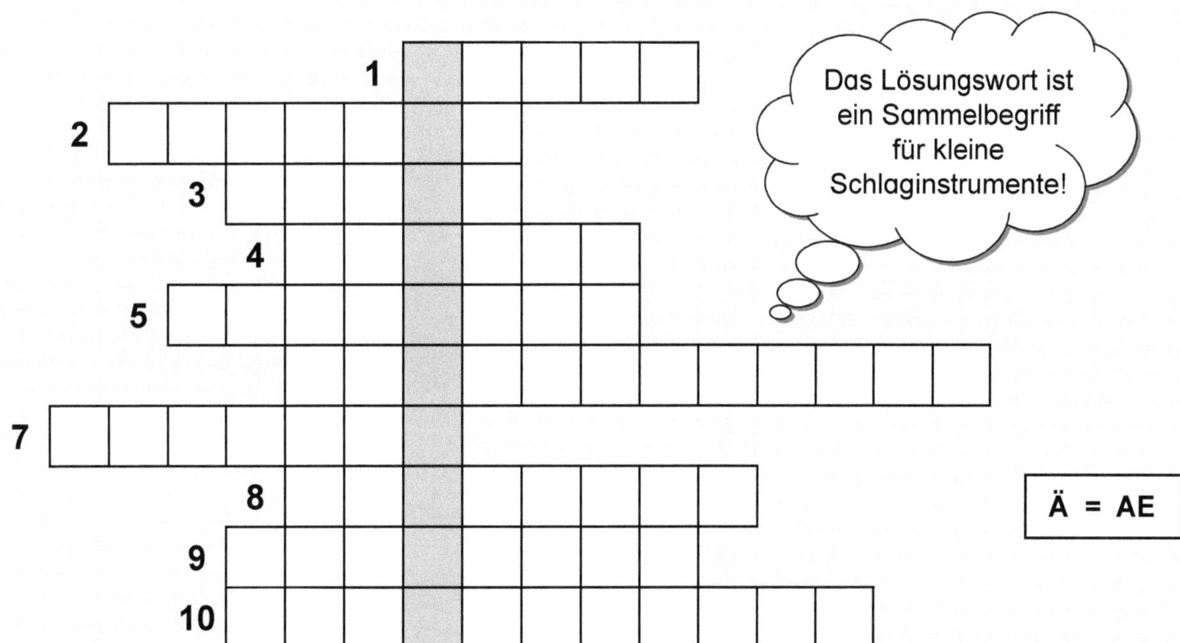

Ä = AE

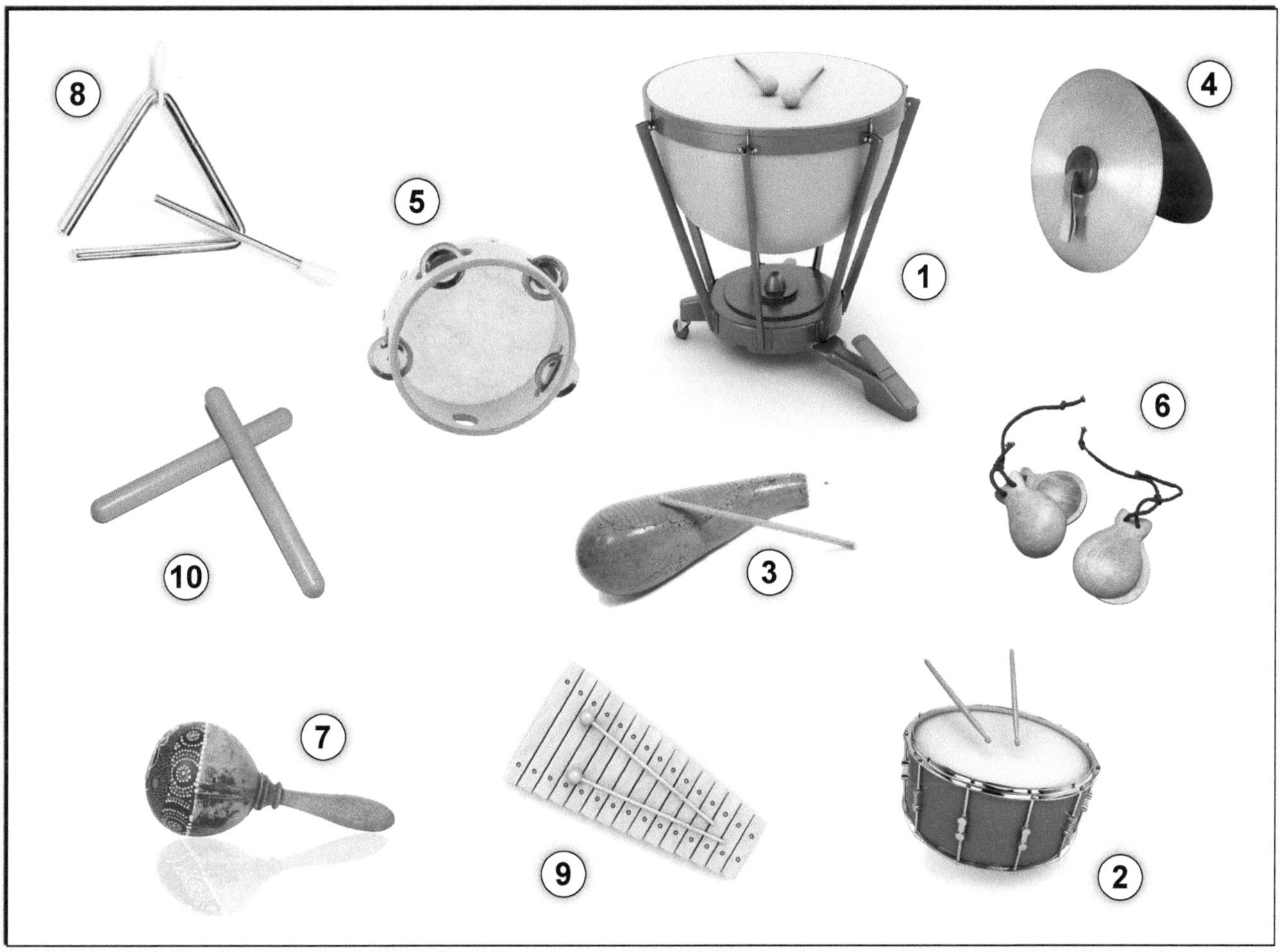

KOHL VERLAG Lernen mit Erfolg
RÄTSEL MUSIK
40 Rätsel SEKUNDARSTUFE – Bestell-Nr. 12 352

33 Lösung

Schlaginstrumente

						1	**P**	A	U	K	E					
	2	T	R	O	M	M	**E**	L								
				3	G	U	I	**R**	O							
					4	B	E	**C**	K	E	N					
			5	T	A	M	B	**U**	R	I	N					
					6	K	A	**S**	T	A	G	N	E	T	T	E	N
7	M	A	R	A	C	A	**S**									
					8	T	R	**I**	A	N	G	E	L			
				9	X	Y	L	**O**	P	H	O	N				
				10	K	L	A	**N**	G	S	T	A	E	B	E	

Das Lösungswort ist ein Sammelbegriff für kleine Schlaginstrumente!

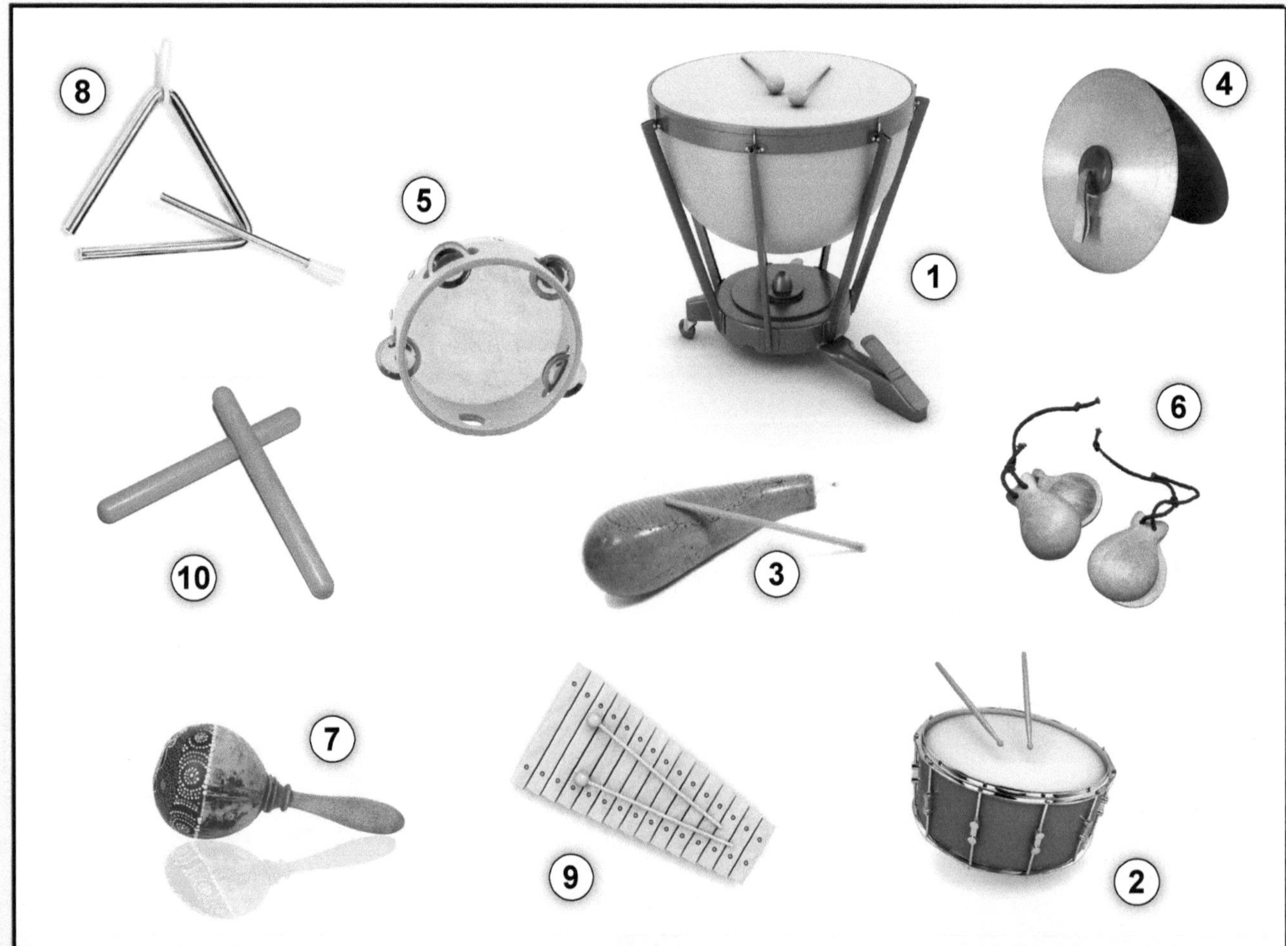

RÄTSEL MUSIK

34

Name:	Datum:

Das Schlagzeug

Welche Buchstaben werden **nicht** von den Verbindungslinien getroffen?

Das Becken *	D T	* sind immer zu zweit übereinander montiert und werden mit der Fußmaschine bedient
Das Ride-Becken *	R	* ist die Basstrommel; sie ist das größte Teil und wird mit der Fußmaschine gespielt
Das Crash-Becken *	O	* ist ein gewölbter Teller aus einer bestimmten Metallmischung
Die Hi-Hat-Becken *	U	* dient zur Erzeugung einzelner betonter Schläge
Drumsticks *	M M	* steht am Boden und ist höhenverstellbar
Die Bass Drum *	S	* spielt den fortlaufenden Rhythmus
Die Snare Drum *	L	* sind stimmbare Trommeln, die es in vielen Größen gibt
Tom-Toms *	I E	* heißen die Trommelstöcke; meist sind sie aus Holz
Das Floor Tom *	T	* ist eine kleine Trommel mit raschelndem Spiralteppich
Der Drum-Rack *	G	* ist ein Rahmen aus Leichtmetall, der statt eines Ständers verwendet werden kann

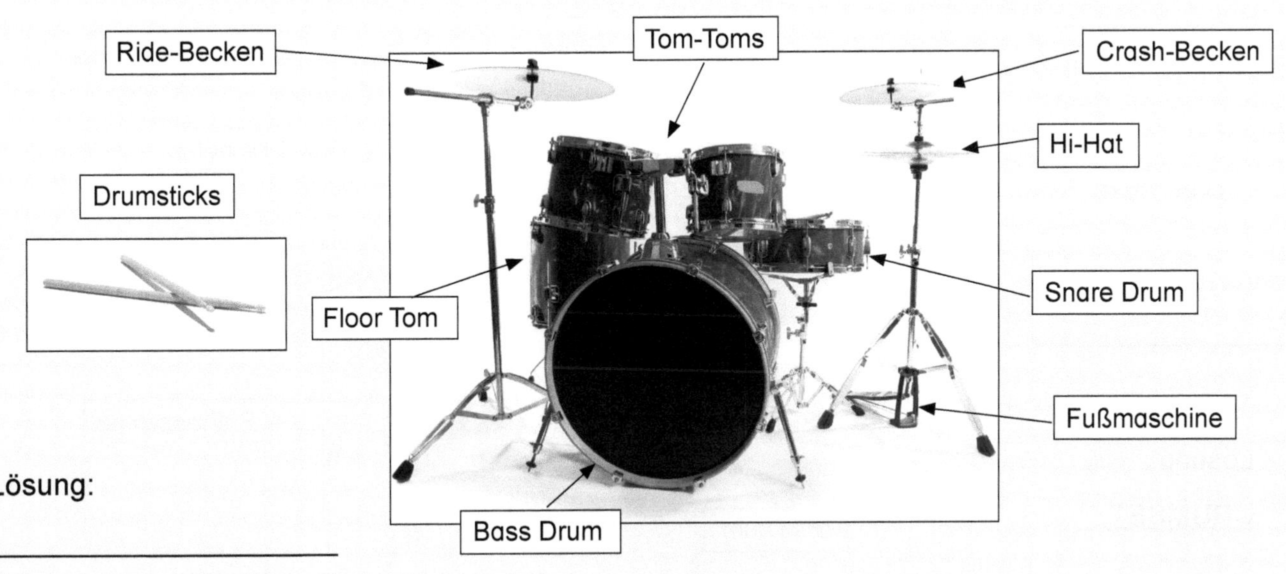

Lösung: ____________________

RäTSEL MUSIK
40 Rätsel SEKUNDARSTUFE – Bestell-Nr. 12 352
KOHL VERLAG

34 Lösung

Das Schlagzeug

Das Becken	sind immer zu zweit übereinander montiert und werden mit der Fußmaschine bedient
Das Ride-Becken	ist die Basstrommel; sie ist das größte Teil und wird mit der Fußmaschine gespielt
Das Crash-Becken	ist ein gewölbter Teller aus einer bestimmten Metallmischung
Die Hi-Hat-Becken	dient zur Erzeugung einzelner betonter Schläge
Drumsticks	steht am Boden und ist höhenverstellbar
Die Bass Drum	spielt den fortlaufenden Rhythmus
Die Snare Drum	sind stimmbare Trommeln, die es in vielen Größen gibt
Tom-Toms	heißen die Trommelstöcke; meist sind sie aus Holz
Das Floor Tom	ist eine kleine Trommel mit raschelndem Spiralteppich
Der Drum-Rack	ist ein Rahmen aus Leichtmetall, der statt eines Ständers verwendet werden kann

D T R O U M M S L I E T G

Lösung:

DRUMSET

35 | Name: | Datum:

Saiteninstrumente

Löse das Kreuzworträtsel:

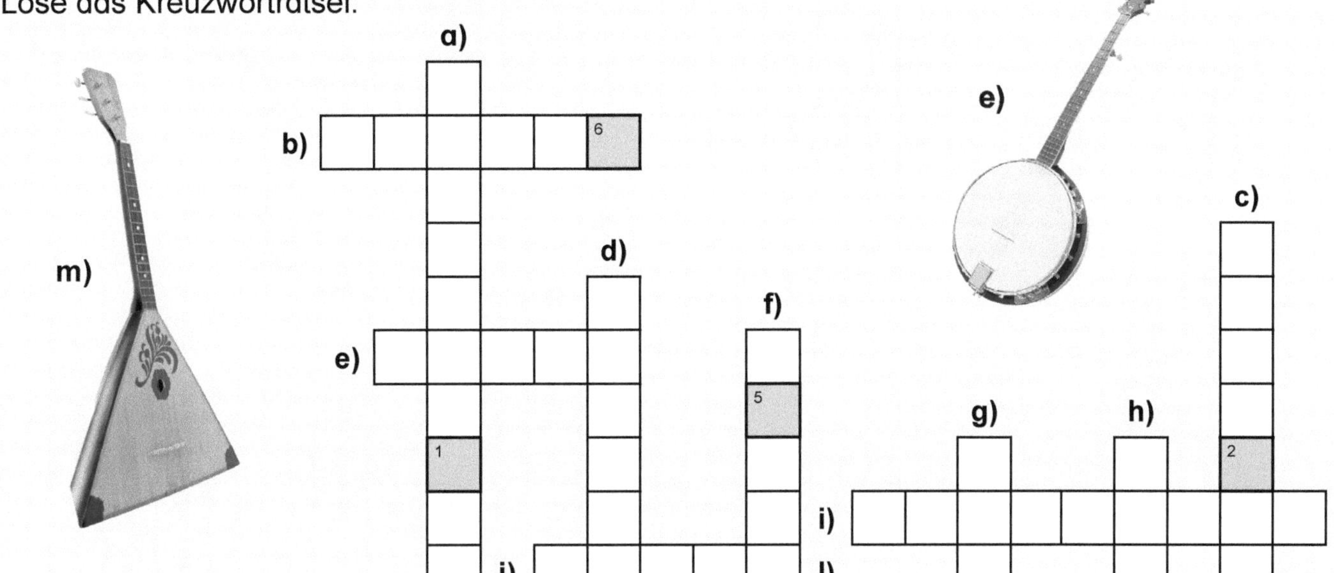

Waagerecht:

- **b)** Je dünner oder kürzer eine Saite ist, desto ... wird der Ton.
- **e)** Zupfinstrument, bei dem ein Fell über den Resonanzraum gespannt ist.
- **i)** Ein Streichinstrument, bei dem die Saiten von einem Rad angestrichen werden, das mittels einer Kurbel gedreht wird.
- **j)** Vorfahre der Gitarre
- **k)** Andere Bezeichnung für Viola
- **m)** Zupfinstrument der russischen Musik
- **n)** Anzahl der Saiten bei der Gitarre
- **o)** Wie viele Saiten hat eine Geige?

c)

Senkrecht:

- **a)** Hohlraum der Gitarre, in dem der Ton schwingt
- **c)** Tasteninstrument, bei dem die Saiten mit Hämmerchen angeschlagen werden
- **d)** Größtes und tiefstes Streichinstrument
- **f)** Andere Bezeichnung für Violine
- **g)** Historisches Saiteninstrument mit Klaviatur (auch Kielflügel genannt)
- **h)** Berühmter Gitarrist: Jimmy ...
- **l)** Saiteninstrument mit den meisten Saiten

Lösung: ______________________

RÄTSEL MUSIK 40 Rätsel SEKUNDARSTUFE – Bestell-Nr. 12 352
KOHL VERLAG

35 Lösung

Saiteninstrumente

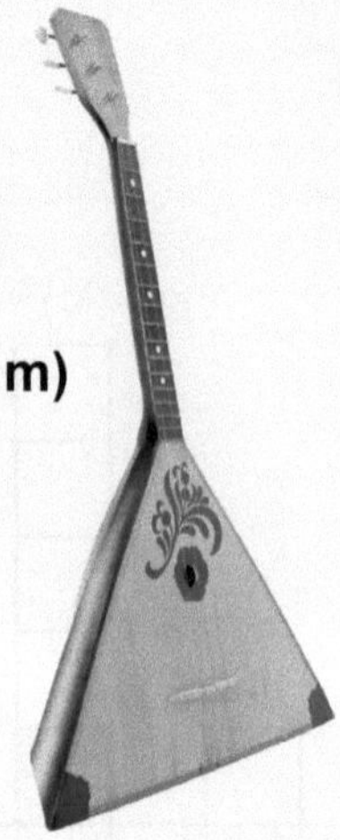

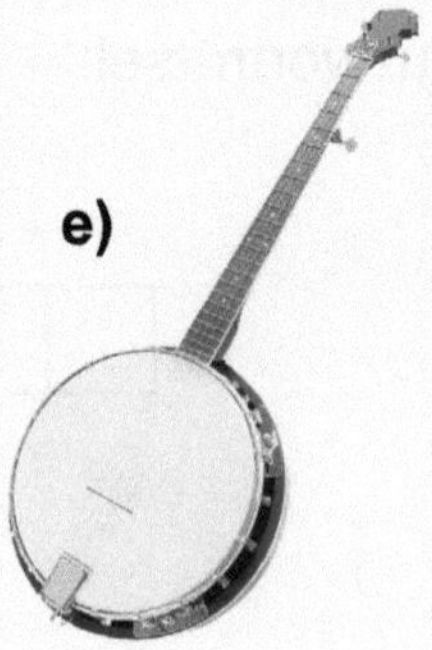

a) RESONANZKOERPER
b) HOEHER
c) KLAVIER
d) KONTRABASS
e) BANJO
f) GEIGE
g) CEMBALO
h) HENDRIX
i) DREHLEIER
j) LAUTE
k) BRATSCHE
l) HARFE
m) BALALAIKA
n) SECHS
o) VIER

Waagerecht:

b) Je dünner oder kürzer eine Saite ist, desto ... wird der Ton.
e) Zupfinstrument, bei dem ein Fell über den Resonanzraum gespannt ist.
i) Ein Streichinstrument, bei dem die Saiten von einem Rad angestrichen werden, das mittels einer Kurbel gedreht wird.
j) Vorfahre der Gitarre
k) Andere Bezeichnung für Viola
m) Zupfinstrument der russischen Musik
n) Anzahl der Saiten bei der Gitarre
o) Wie viele Saiten hat eine Geige?

c)

Senkrecht:

a) Hohlraum der Gitarre, in dem der Ton schwingt
c) Tasteninstrument, bei dem die Saiten mit Hämmerchen angeschlagen werden
d) Größtes und tiefstes Streichinstrument
f) Andere Bezeichnung für Violine
g) Historisches Saiteninstrument mit Klaviatur (auch Kielflügel genannt)
h) Berühmter Gitarrist: Jimmy ...
l) Saiteninstrument mit den meisten Saiten

Lösung: **ZITHER**

36

Name:	Datum:

Die Gitarrre

Beschrifte das Instrument richtig und finde so das Lösungswort heraus!

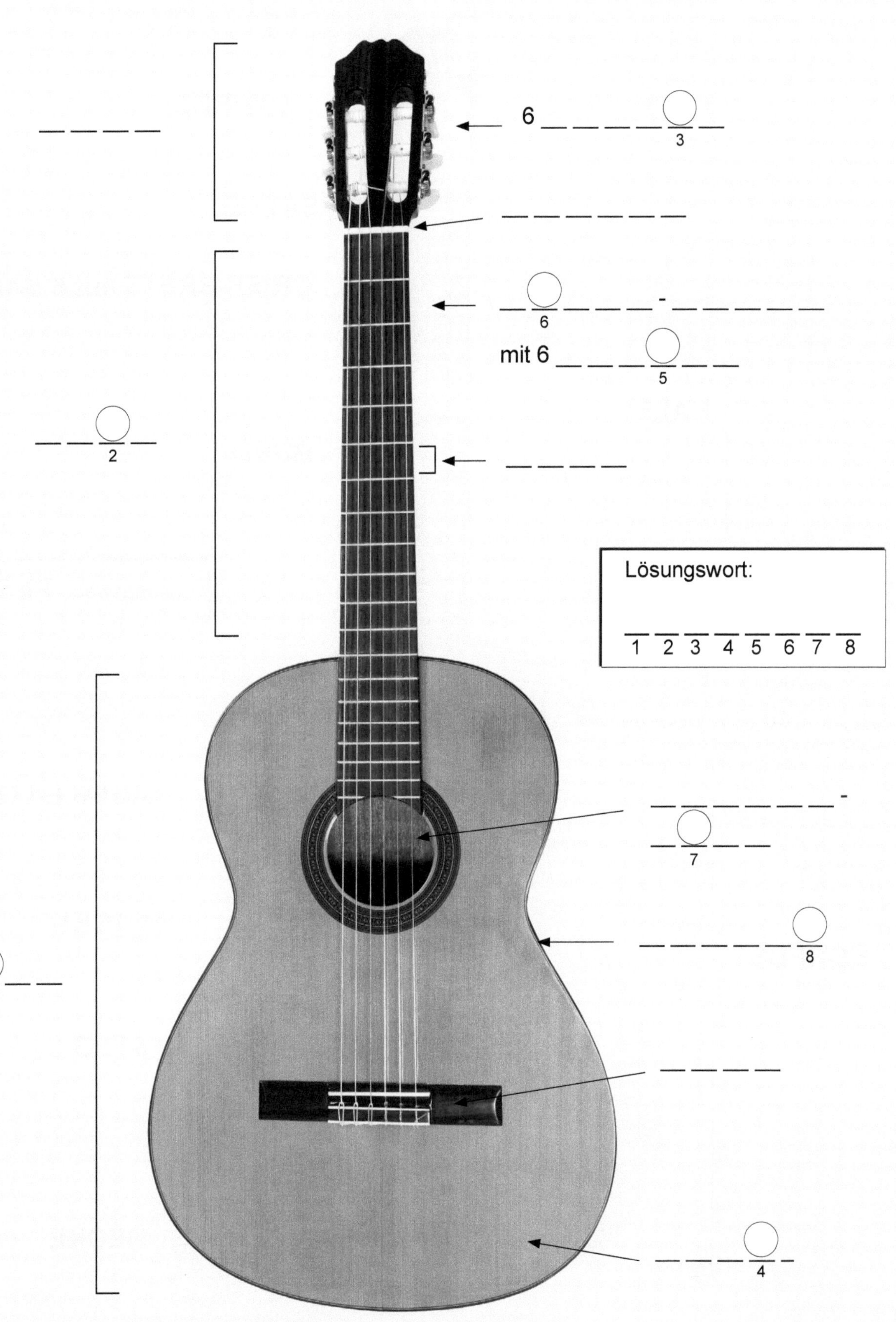

_ _ _ (1) _ _

Lösungswort:

_ _ _ _ _ _ _ _
1 2 3 4 5 6 7 8

RÄTSEL MUSIK
40 Rätsel SEKUNDARSTUFE – Bestell-Nr. 12 352
KOHL VERLAG

36 Lösung

Die Gitarrre

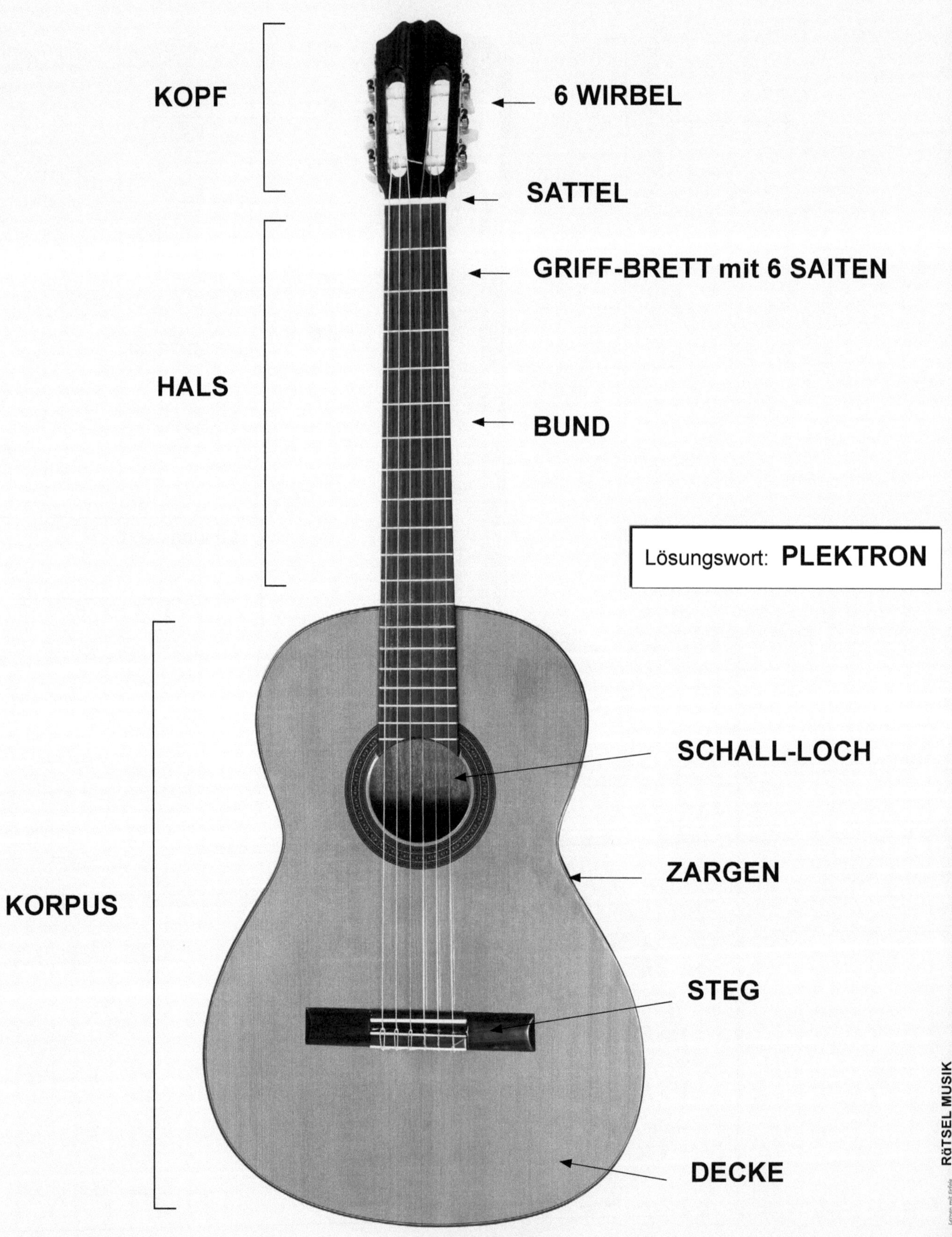

Lösungswort: **PLEKTRON**

37 Name: Datum:

Streichinstrumente

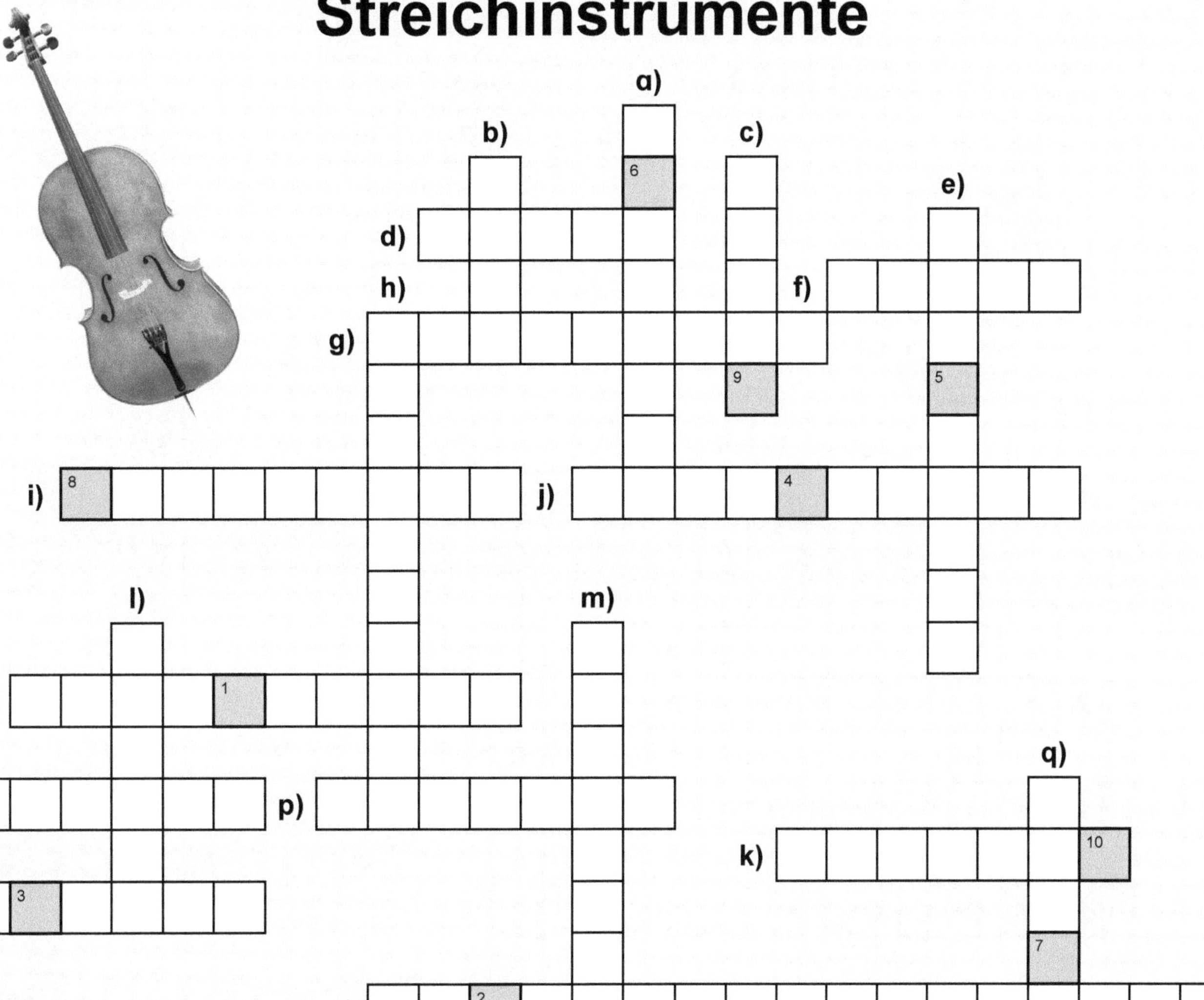

Waagerecht:

- **d)** Bratsche
- **f)** Streichinstrument mit Stachel, mit dem es auf den Boden gestellt wird
- **g)** Musiker, die Streichinstrumente spielen.
- **i)** Gezupftes Spiel
- **j)** Größtes Instrument der Streicherfamilie
- **k)** Viele berühmte Geigenbauer stammen aus diesem Land
- **n)** Der Bogen bei Streichinstrumenten besteht aus ...
- **o)** Beben des Fingers
- **p)** Sopraninstrument
- **r)** Rascher Bogenwechsel auf einem Ton
- **s)** Streichinstrumente gehören fast alle zur Gruppe der ...

Senkrecht:

- **a)** Gestoßenes, abgehacktes Spiel
- **b)** Anzahl der Saiten bei der Geige
- **c)** „Mittelalterliche Geige“, Vorläufer der Violine
- **e)** Gleitendes Spiel
- **h)** Weltberühmter Geigenbauer
- **l)** Gebundenes Spiel
- **m)** Ende des Wirbelkastens beim Instrument
- **q)** Anderes Wort für Violine

Was bedeutet diese Redewendung?

_ _ _   _ _ _ _ _ _   _ _ _ _ _   _ _ _ _ _ _ _

1 2 3   3 4 5 6 3   7 3 2 7 3   5 8 2 3 9 3 10

RÄTSEL MUSIK
40 Rätsel SEKUNDARSTUFE – Bestell-Nr. 12 352
KOHL VERLAG Lernen mit Erfolg

37 Lösung

Streichinstrumente

a) STACCATO
b) VIER
c) FIDEL
d) VIOLA
e) GLISSANDO
f) CELLO
g) STREICHER
h) STRADIVARI
i) PIZZICATO
j) KONTRABASS
k) ITALIEN
l) LEGATO
m) SCHNECKE
n) PFERDEHAAR
o) VIBRATO
p) VIOLINE
q) GEIGE
r) TREMOLO
s) SAITENINSTRUMENTE

Waagerecht:

d) Bratsche

f) Streichinstrument mit Stachel, mit dem es auf den Boden gestellt wird

g) Musiker, die Streichinstrumente spielen.

i) Gezupftes Spiel

j) Größtes Instrument der Streicherfamilie

k) Viele berühmte Geigenbauer stammen aus diesem Land

n) Der Bogen bei Streichinstrumenten besteht aus ...

o) Beben des Fingers

p) Sopraninstrument

r) Rascher Bogenwechsel auf einem Ton

s) Streichinstrumente gehören fast alle zur Gruppe der ...

Senkrecht:

a) Gestoßenes, abgehacktes Spiel

b) Anzahl der Saiten bei der Geige

c) „Mittelalterliche Geige", Vorläufer der Violine

e) Gleitendes Spiel

h) Weltberühmter Geigenbauer

l) Gebundenes Spiel

m) Ende des Wirbelkastens beim Instrument

q) Anderes Wort für Violine

Was bedeutet diese Redewendung?

DIE ERSTE GEIGE SPIELEN

Das bedeutet: den Ton angeben, das Sagen haben

Name: | Datum:

Blasinstrumente

In dem Suchgitter sind zehn Blasinstrumente versteckt. Findest du sie alle? Die übrigen Buchstaben ergeben eine Redewendung. Was bedeutet sie?

K	L	A	R	I	N	E	T	T	E
F	A	G	O	T	T	J	R	E	J
M	S	A	X	O	P	H	O	N	A
A	N	D	E	M	D	E	M	N	G
M	A	R	S	C	H	B	P	L	D
T	U	B	A	O	B	O	E	A	H
A	L	P	H	O	R	N	T	S	O
E	P	O	S	A	U	N	E	N	R
Q	U	E	R	F	L	Ö	T	E	N

_ _ _ _ _ _ _ _ _ _ _   _ _ _ _   _ _ _ _ _ _ _ _ _   _ _ _ _ _ _ _ _

Blasinstrumente sind Instrumente, bei denen der Musiker Luft in einer Röhre zum Schwingen bringt und so den Ton erzeugt. Je nach Art der Tonerzeugung werden die Instrumente in zwei Gruppen geteilt. Trage richtig ein:

Blechblasinstrumente	Holzblasinstrumente
_ _ _ _ _ _ _ _ _ e	_ _ _ _ _ _ _ _ _ _ _ _ e
_ _ _ _ _ _ _ _ _ n	_ _ _ _ _ _ _ t
_ _ _ a	_ _ _ _ _ _ _ _ _ _ _ n
_ _ _ _ _ _ _ _ e	_ _ _ e
_ _ _ _ _ _ _ _ n	_ _ _ _ _ _ _ _ _ _ _ e

KOHL VERLAG Lernen mit Erfolg
RÄTSEL MUSIK
40 Rätsel SEKUNDARSTUFE – Bestell-Nr. 12 352

38 Lösung

Blasinstrumente

K	L	A	R	I	N	E	T	T	E
F	A	G	O	T	T	J	R	E	J
M	S	A	X	O	P	H	O	N	A
A	N	D	E	M	D	E	M	N	G
M	A	R	S	C	H	B	P	L	D
T	U	B	A	O	B	O	E	A	H
A	L	P	H	O	R	N	T	S	O
E	P	O	S	A	U	N	E	N	R
Q	U	E	R	F	L	Ö	T	E	N

JEMANDEM DEN MARSCH BLASEN

Das bedeutet: jemanden scharf zurechtweisen.

Blechblasinstrumente	Holzblasinstrumente
Trompete	**Klarinette**
Jagdhorn	**Fagott**
Tuba	**Saxophon (!)**
Posaune	**Oboe**
Alphorn	**Querflöte**

Name: | Datum:

Tasteninstrumente

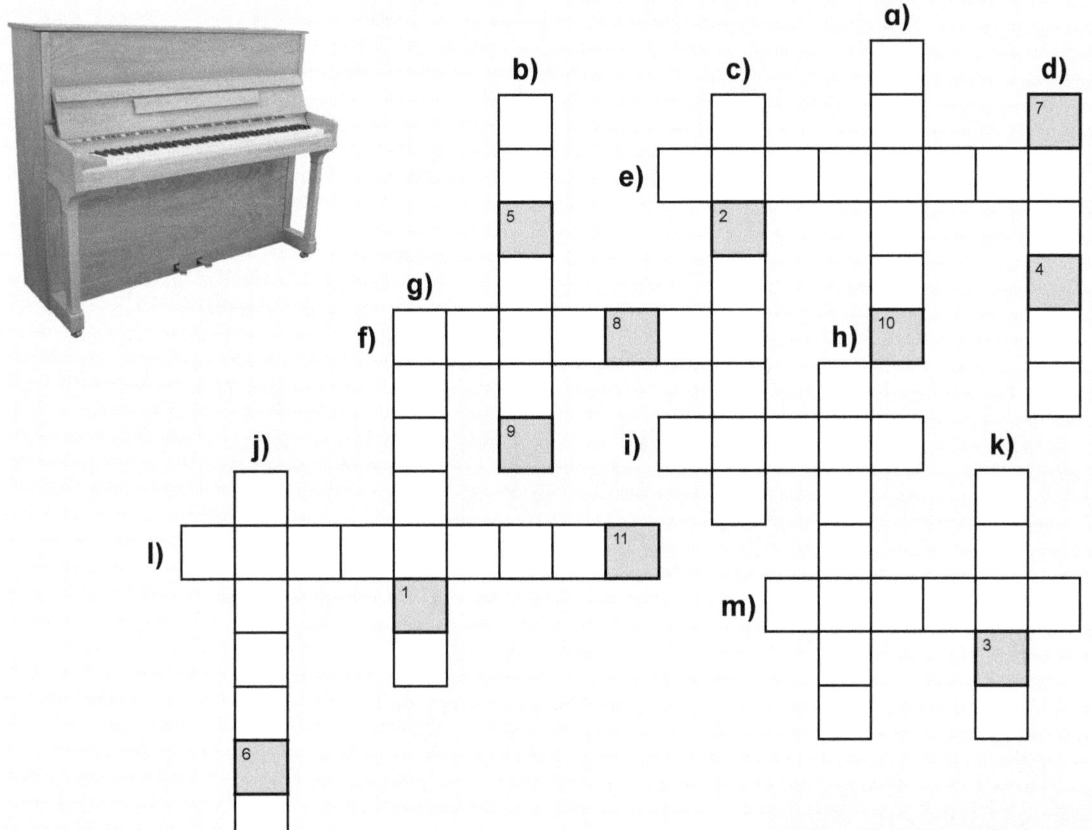

Waagerecht:

- **e)** Instrument mit Klaviatur und Mundstück, in das geblasen wird
- **f)** Kleine Bauform des Klaviers
- **i)** Instrument, bei dem schwingende Luftsäulen den Ton machen
- **l)** Tastatur des Klaviers
- **m)** Beim Klavier schlägt ein ... gegen eine Saite

Senkrecht:

- **a)** Klangbeeinflusser mit dem Fuß
- **b)** Die Farben der üblichen Klaviatur sind weiß und ...
- **c)** Elektronisches Klavier
- **d)** Diese schwingen im Klavier
- **g)** Professioneller Klavierspieler
- **h)** „Zupfklavier"
- **j)** Große, klangstarke Bauform des Klaviers
- **k)** Innerhalb einer Oktave gibt es ... schwarze Tasten.

Was bedeutet das Wort?

____

____

Lösung: _ _ _ _ _ _ _ _ _ _ _
1 2 3 4 5 6 7 8 9 10 11

RÄTSEL MUSIK
40 Rätsel SEKUNDARSTUFE – Bestell-Nr. 12 352
KOHL VERLAG

39 Lösung

Tasteninstrumente

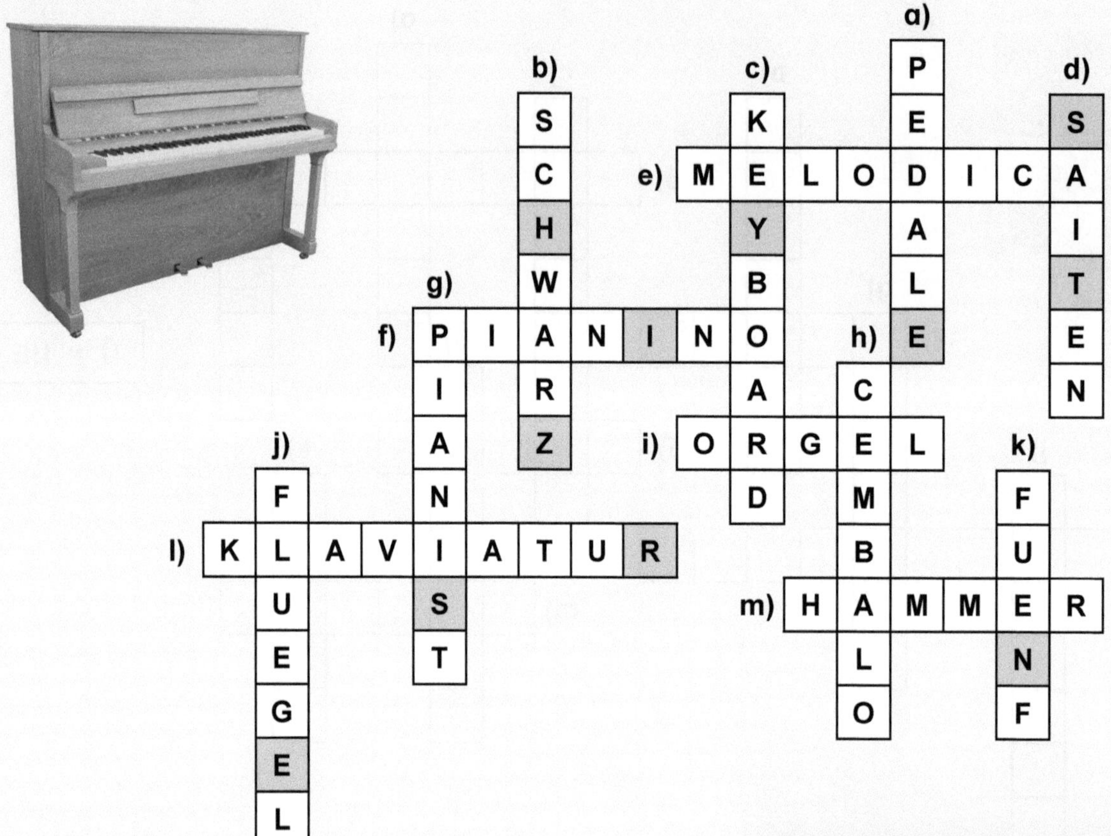

Waagerecht:

- **e)** Instrument mit Klaviatur und Mundstück, in das geblasen wird
- **f)** Kleine Bauform des Klaviers
- **i)** Instrument, bei dem schwingende Luftsäulen den Ton machen
- **l)** Tastatur des Klaviers
- **m)** Beim Klavier schlägt ein ... gegen eine Saite

Senkrecht:

- **a)** Klangbeeinflusser mit dem Fuß
- **b)** Die Farben der üblichen Klaviatur sind weiß und ...
- **c)** Elektronisches Klavier
- **d)** Diese schwingen im Klavier
- **g)** Professioneller Klavierspieler
- **h)** „Zupfklavier“
- **j)** Große, klangstarke Bauform des Klaviers
- **k)** Innerhalb einer Oktave gibt es ... schwarze Tasten.

Was bedeutet das Wort?

Dies ist ein elektronisches Instrument.

Lösung: **SYNTHESIZER**

Name: | Datum:

Rund um das Klavier ...

Ja oder nein???
Wenn du die richtige Lösung einkreist, erhältst du eine Redewendung. Was bedeutet sie?

Das ist ____

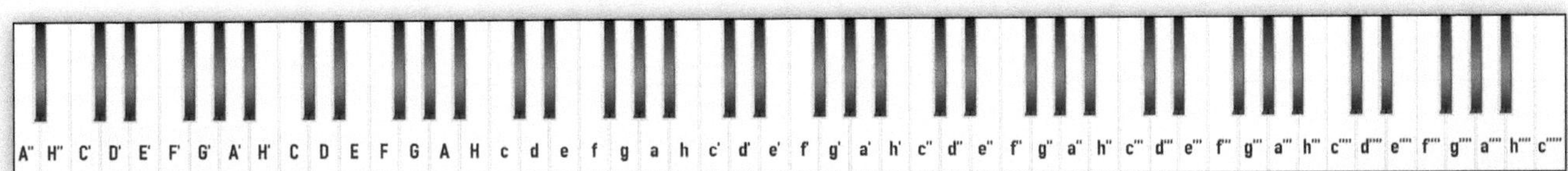

	Ja!	Nein!
Das Klavier gehört zu den Tasteninstrumenten.	M	T
Mit den Tasten werden Hämmerchen in Bewegung gesetzt, die auf Saiten schlagen.	U	A
„Klavier“ kommt vom lateinischen Begriff „clavis“, das heißt „lautes Instrument“.	L	S
Ein Cembalo ist ein „Zupfklavier“.	I	T
Bei der Orgel schwingt Luft in Röhren und so wird der Ton erzeugt.	K	E
Der Begrff „Piano“ steht für Pianoforte und beschreibt, dass man mit dem Klavier nur Töne einer Lautstärke spielen kann.	N	I
Ein Flügel ist eine sehr platzsparende Bauform des Klaviers.	O	N
Die tiefste Oktave am Klavier wird Subkontra genannt.	M	S
Ein Klavier hat mehr schwarze Tasten als weiße.	T	E
Die Saiten im Klavier sind aus Pferdehaar gemacht.	R	I
Resonanzboden und Stimmstock sind aus Holz gefertigt.	N	U
Beim Klavier kann der Klang durch zwei oder drei Pedale beeinflusst werden.	E	M
Die meisten Klaviere verfügen über 88 Tasten.	N	E
Für ein Klavier spielen Raumklima und Luftfeuchtigkeit keine Rolle.	N	O
Zu den Vorläufern des Klaviers gehören das Cembalo, das Spinett und das Clavichord.	H	W
Erfinder des ersten Klaviers war Wolfgang Amadeus Mozart.	A	R
Bekannte Klavierbauer sind: Bösendorfer, Schimmel, Yamaha.	E	A
Keyboard und Synthesizer sind Tasteninstrumente, bei denen der Klang elektronisch erzeugt wird.	N	R

RÄTSEL MUSIK
40 Rätsel SEKUNDARSTUFE – Bestell-Nr. 12 352
KOHL VERLAG

40 Lösung

Rund um das Klavier ...

Das ist **MUSIK IN MEINEN OHREN**
(Das sagt man, wenn man etwas besonders gerne hört, z.B. eine gute Nachricht.)

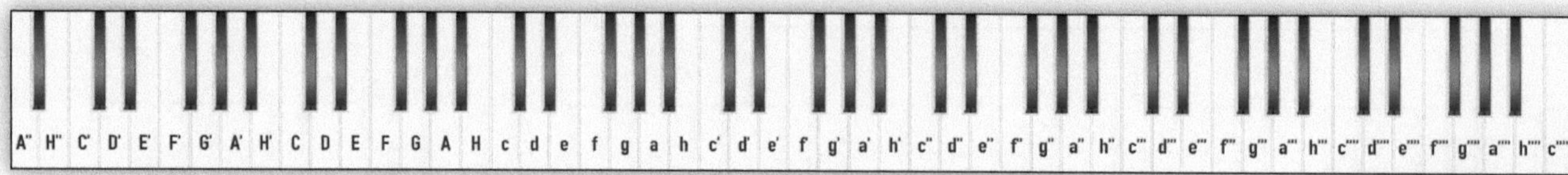

	Ja!	Nein!
Das Klavier gehört zu den Tasteninstrumenten.	(M)	T
Mit den Tasten werden Hämmerchen in Bewegung gesetzt, die auf Saiten schlagen.	(U)	A
Falsch: „Klavier“ kommt vom lateinischen Begriff „clavis“, das heißt „lautes Instrument“. **Richtig:** „clavis“ bedeutet „Schlüsel“! Schlüssel ist die ursprüngliche Bezeichnung für Klaviatur.	L	(S)
Ein Cembalo ist ein „Zupfklavier“.	(I)	T
Bei der Orgel schwingt Luft in Röhren und so wird der Ton erzeugt.	(K)	E
Falsch: Der Begrff „Piano“ steht für Pianoforte und beschreibt, dass man mit dem Klavier nur Töne einer Lautstärke spielen kann. **Richtig:** Pianoforte steht für piano = leise und forte = laut.	N	(I)
Falsch: Ein Flügel ist eine sehr platzsparende Bauform des Klaviers. **Richtig:** Ein Flügel ist eine große Bauform des Klaviers.	O	(N)
Die tiefste Oktave am Klavier wird Subkontra genannt.	(M)	S
Ein Klavier hat mehr schwarze Tasten als weiße.	T	(E)
Falsch: Die Saiten im Klavier sind aus Pferdehaar gemacht. **Richtig:** Die Saiten im Klavier sind aus Metall.	R	(I)
Resonanzboden und Stimmstock sind aus Holz gefertigt.	(N)	U
Beim Klavier kann der Klang durch zwei oder drei Pedale beeinflusst werden.	(E)	M
Die meisten Klaviere verfügen über 88 Tasten.	(N)	E
Falsch: Für ein Klavier spielen Raumklima und Luftfeuchtigkeit keine Rolle. **Richtig:** Eine gleichbleibende Luftfeuchtigkeitkeit und eine unveränderte Raumtemperatur sind für ein Klavier sehr wichtig, damit es nicht verstimmt.	N	(O)
Zu den Vorläufern des Klaviers gehören das Cembalo, das Spinett und das Clavichord.	(H)	W
Falsch: Erfinder des ersten Klaviers war Wolfgang Amadeus Mozart. **Richtig:** Erfinder des ersten Klaviers war Bartolomeo Christofori in Florenz.	A	(R)
Bekannte Klavierbauer sind: Bösendorfer, Schimmel, Yamaha.	(E)	A
Keyboard und Synthesizer sind Tasteninstrumente, bei denen der Klang elektronisch erzeugt wird.	(N)	R